W0182908

Das Wattenmeer

Das Wattenmeer

Landschaft im Rhythmus der Gezeiten

Jürgen Newig / Hans Theede (Hrsg.)

Edition Ellert & Richter

Inhalt

Das Wattenmeer – Landschaft im Rhythmus der Gezeiten

Das einzigartige Wattenmeer an der Nordseeküste ist eine weiträumige Naturlandschaft von beeindruckender Schönheit.

Einführung: Zwischen Festland und offener Nordsee – das Wattenmeer

Hans Theede

Das Wattenmeer an der Nordseeküste, eine Übergangszone zwischen der offenen See und dem Festland, geprägt vom Rhythmus der Gezeiten, ist die größte zusammenhängende Landschaft dieses Typs in der gemäßigten Zone. Seine Entstehung verdankt es dem unregelmäßigen Meeresspiegelanstieg in der Vergangenheit und der faszinierenden Dynamik der Gezeitenströme, vor allem aber den Sturmfluten. Sowohl Klima- und Wettergeschehen im Küstenbereich als auch Eigenschaften und Inhaltsstoffe des Seewassers werden vom Land und vom Meer beeinflußt. An der Ausformung der Küstenlinie des Festlandes hat allerdings der Mensch seit mehreren Jahrhunderten maßgeblichen Anteil.

Zwischen den Ökosystemen des Wattenmeeres und der offenen Nordsee gibt es keine Barrieren. Vielmehr sind beide über vielseitige Austauschvorgänge von Plankton, Nährsalzen und Schwebstoffen sowie durch Wanderungsbewegungen, beispielsweise von Fischen, miteinander verbunden. In dem extremen Lebensraum des Wattenmeeres treffen speziell angepaßte Organismen aus dem Meer und vom Land her aufeinander und bilden ein Ökosystem mit Vernetzungen eigener Art. Wegen seines reichen Nahrungsangebots ist das Wattenmeer darüber hinaus von überregionaler Bedeutung als Aufzuchtgebiet („Kinderstube") für viele Nordseefische und als Zwischenstation („Tankstelle") für Millionen von Zugvögeln, die hier auf den Wegen zwischen ihren Brut- und Überwinterungsgebieten Rast einlegen und ihre Energiereserven auffüllen. Für die wichtigen Brut- und Mauserplätze steht allerdings nur in sehr begrenztem Maße geeigneter Raum zur Verfügung. Außerdem bietet das Wattenmeer Lebensraum für steigende Seehundbestände, für Kegel-

Das Wattenmeer ist Zwischenstation für Millionen von Zugvögeln, die hier vor dem Flug in die Brut- oder Überwinterungsgebiete ihre Energiereserven auffüllen.

robben und die Aufzucht von Schweinswalen. In seiner Funktion für den Küstenschutz dient es zusammen mit Sandbänken, Inseln und Halligen als Wellenbrecher.
Wir haben uns daran gewöhnt, daß auch die Industrie das Bild der Küstenlandschaft mitgestaltet. Dabei bietet der deutsche Nordsee-Küstenraum mit seinen einzigartigen naturräumlichen Qualitäten nur punktuell Flächen für Industrieansiedlungen und ist deshalb bis heute in erster Linie landwirtschaftlich geprägt und relativ wenig industrialisiert.
Erst in den vergangenen zwei bis drei Jahrzehnten sind wesentliche Erkenntnisse über die Probleme der Meeresverschmutzung gewonnen worden. Man weiß inzwischen, auf welchen Wegen belastende Substanzen in die Nordsee und ins Wattenmeer gelangen. Auch kennt man allmählich die Gefahren, die beispielsweise von Überdüngung, Erdölverunreinigung und zahlreichen Stoffen technogenen Ursprungs ausgehen. Deshalb ist es unumgänglich, daß deren Eintrag aus Gründen der Vorsorge so gering wie möglich gehalten wird.
Die herausragende ökologische Bedeutung des großräumigen und einzigartigen Wattenmeer-Raumes und die zunehmende Gefährdung durch menschliche Aktivitäten – Industrialisierung, Meeresverschmutzung, Eindeichung, Intensivierung der Landwirtschaft und Fischerei, Jagd, Schiffsverkehr, Waffenerprobung, Auswirkungen des Massentourismus u. a. – rechtfertigen den besonderen Schutz im Rahmen der Nationalparke, die eingerichtet worden sind, um für eine nachhaltig ungestörte Entwicklung der Naturvorgänge Sorge zu tragen.

Die Entwicklung des Wattenmeeres

Jürgen Newig

Wattenmeere gibt es auf der Welt nur selten, und „unseres“ ist das größte des gemäßigten Klimagürtels im Osten des Atlantiks. Es umfaßt von Esbjerg in Dänemark bis Den Helder in Holland eine Fläche von rund 8000 Quadratkilometern. Davon entfällt etwa die Hälfte auf Deutschland. Zwei Drittel des Areals fallen bei Ebbe trocken, ein Drittel bleibt ständig mit Wasser bedeckt: die Priele und Tiefs.

Bedingungen für die Entstehung des Wattenmeeres

Damit ein Wattenmeer entstehen kann, müssen bestimmte Bedingungen zusammentreffen. Zunächst einmal muß eine Gezeitenküste vorliegen, d. h. eine Küste, an der sich die Gezeitenkräfte so stark auswirken, daß ein nennenswerter Unterschied zwischen mittlerem täglichem Hochwasser und Niedrigwasser gegeben ist. Zum zweiten muß ein leicht zum Meer hin abfallendes Gelände vorliegen. Je geringer die Neigung des Untergrundes, desto breiter wird das Wattenmeer. Schließlich müssen genügend Sinkstoffe zur Ablagerung kommen.

Die Gezeiten oder Tiden – genauer: die Größe des Tidenhubs als Höhenunterschied zwischen täglichem Hoch- und Niedrigwasser – spielen eine große Rolle für das Wattenmeer (zur Entstehung der Gezeiten siehe S. 41 ff.).

Bei Wilhelmshaven finden wir einen durchschnittlichen Tidenhub von 3,5 Metern; bei Springtide beläuft er sich auf vier Meter, bei Nipptide auf drei Meter, so daß der Unterschied immerhin rund einen Meter beträgt. Treffen ein schwerer auflandiger Sturm und eine Springtide zusammen, dann wird es gefährlich für die Menschen an der Küste.

An der deutschen Nordseeküste reicht die Spanne des durchschnittlichen Tidenhubs von mehr als drei Metern, die hauptsächlich im Innern der Deutschen Bucht erreicht werden, bis etwas unter zwei Meter im Bereich der Insel Sylt. Enorme Wassermassen strömen bei Ebbe durch die Tiefs aus den Wattebenen, schürfen erstere immer wieder aus und sorgen so dafür, daß die Inseln getrennt bleiben. Wo aber der Tidenhub unter ca. 1,5 Meter fällt und somit die Ausstrommenge erheblich geringer ist, kann der Ebbstrom die Tiefs nicht mehr freihalten. Sie versanden und entziehen so das Hinterland dem Meereseinfluß. Dies ist der Fall nördlich von Esbjerg in Dänemark und westlich der Insel Texel in Holland. Dort gibt es kein Wattenmeer mit vorgelagerten Barriere-Inseln mehr, sondern nur noch eine durchgehende Ausgleichsküste.
Ein leicht abfallendes Gelände liegt in der Deutschen Bucht an den meisten Stellen vor, weil weiter draußen die Geestkerninseln oder die nach ihrer Zerstörung übriggebliebenen Nehrungshakenbildungen und Düneninseln sich schützend vor das Watt legen, so daß der Wattsockel erhalten bleibt.
Zu den Sänden gehören der Japsand vor der Hallig Hooge, der große Vogelsand in der Elbmündung und der große Knechtsand südwestlich von Cuxhaven. Exponierte Geestkerninseln sind Sylt und Amrum. Gerade auf Sylt läßt sich schön beobachten, wie aus dem Abbruchmaterial des Roten Kliffs die Hakenbildung des Listlandes und die Dünenlandschaft der Hörnumer Halbinsel aufgebaut worden sind. In Ostfriesland liegen die Dünen-Inseln von Borkum im Westen bis Wangerooge im Osten wie Perlen an einer Schnur aufgereiht. Sie enthalten keine Geestkerne mehr, son-

Der Kniepsand und die Dünenlandschaft an der Nordspitze von Amrum; hinten die grüne Insel Föhr

dern bauen sich vor allem aus Sand auf, den das Meer durch Wellen und Strömungen aufgeworfen und dem Wind zur feineren Modellierung überlassen hat.

Was die Sinkstoffe als dritte Bedingung für die Wattenmeer-Bildung angeht, so ist ihre Herkunft – erstaunlicherweise – bis heute noch nicht im einzelnen geklärt. Als Sinkstofflieferanten kommen vor allem in Frage:

– die Nordsee (z. B. Tonteilchenfrachten nach der Erosion von eiszeitlichen Kliffen),
– das Watt selbst mit den Überresten der Flora und Fauna,
– die Flüsse.

Letztere benötigen ein feuchtes, ein humides Klima. Sie müssen außerdem durch Gebiete fließen, die ihnen die Aufnahme feinstkörniger Sinkstoffe erlauben.

Nicht alle der genannten Faktoren treffen im Falle Helgoland zu. Hier finden wir ein Felswatt vor, dessen Untergrund eine harte Brandungsplattform bildet.

Das Wattenmeer als Zwischenküste

An den Stränden der Inseln und Sandbänke brandet die Nordsee, wühlt dabei den hellen Quarzsand des Untergrundes auf und lagert ihn um. So ist diese *Außenküste* der Barriere-Inseln auch eine „weiße Küste", sehr zur Freude der Touristen. Die feineren mineralischen Teilchen können sich in diesem unruhigen Milieu nicht ablagern. Sie gelangen mit der Flut ins Wattenmeer, wo erheblich ruhigere Bedingungen herrschen.

Das eigentliche Wattenmeer läßt sich als *Zwischenküste* bezeichnen. Es ist gekennzeichnet durch den Wechsel von Landflächen (Inseln oder

Rippelmarken im Sandwatt; die linke, sanfter geneigte Fläche (Luvseite) verrät, daß die Strömung, die die Rippel schuf, von links nach rechts verlief.

Halligen) und den Wattflächen, die nur bei Ebbe trockenfallen. Größere unzerschnittene Gebiete werden auch als Platen bezeichnet. Hinzu kommen die verschieden großen Rinnen, die Priele oder die größeren Wattströme (Tiefs, Gat(t)en, Gats, Einzahl: Gat), die die Verbindung zur offenen Nordsee herstellen und auch bei Niedrigwasser nicht trockenfallen. Als Leien werden solche Priele bezeichnet, die eine Wasserscheide überspringen. Den größten Teil der Zwischenküste nimmt das *Sandwatt* ein. An den Rändern der Zwischenküste erstreckt sich das *Schlickwatt,* das aus feinsten Tonteilchen besteht. Sie sind zumeist nur weniger als ein Zweitausendstel Millimeter im Durchmesser groß und haben eine graue Färbung. Das Schlickwatt lagert sich unter ruhigen Sedimentationsbedingungen an den Ostseiten der Außeninseln, den Rändern der Halligen und Marschinseln oder in einem Saum an der Festlandküste ab. Insbesondere die sog. *Innenküste* besitzt einen mehr oder weniger breiten Streifen von Schlickwatt und wird daher auch die „graue Küste“ genannt.

Das Schlickwatt geht in das seewärts der Deiche gelegene Vorland über, die über dem mittleren Hochwasser liegende begrünte Salzmarsch. Für das Zustandekommen der Vorländer kommt den Springtiden und den Sturmfluten besondere Bedeutung zu, denn nur sie gelangen über das mittlere tägliche Hochwasser hinaus und bringen die fruchtbaren Sinkstoffe in größere Höhen. So wird der Boden allmählich dem Salzwassereinfluß entzogen, so daß sich nun auch weniger salztolerante Pflanzen ansiedeln können. Zwischen Sandwatt und Schlickwatt erstreckt sich eine relativ schmale Zone, in der Sande und Tone gemeinsam vorkommen: das *Mischwatt.*

Wellen- und Strömungsrippel im festen, gut begehbaren Sandwatt

Ein Priel durchzieht das Schlickwatt; im Vordergrund Ausläufer einer Muschelbank.

Am stärksten ist die Aufschichtung im Bereich der Wattwasserscheiden. Eine Wattwasserscheide ist eine gedachte Linie, von der aus das Wasser in zwei verschiedene Richtungen, d. h. letztlich in verschiedene Wattströme fließt. Da im Gebiet der Wattwasserscheide die Strömung sehr gering ist, deshalb im allgemeinen auch keine tiefen Priele zu finden sind und das Watt hier besonders hoch liegt, baut man die Dämme zu den Inseln auch hauptsächlich in diesem Bereich. Da an ihren Flanken besonders ruhige Wasserverhältnisse herrschen, verwundert es nicht, daß z. B. beiderseits des Hindenburgdammes die Vorländer in Rekordzeit aufwachsen und die Köge besonders weit ins Meer reichen.
Zur Ausstattung der Zwischenküste gehören auch jene kleinen Landstücke, die man als Halligen bezeichnet. Halligen entstehen im wesentlichen durch sog. Sturmflutschichtung: Jedesmal bei einem solchen Ereignis lagert sich eine millimeterfeine Schicht zwischen den strömungsberuhigenden Pflanzen ab. So wächst die Hallig mit jeder Sturmflut in die Höhe und kann auch bei steigendem Meeresspiegel mithalten. Baut man hingegen Sommerdeiche am Halligufer, die die sommerlichen Sturmfluten abwehren, so fehlen die Sinkstoffe dieser Fluten. Sackungen des Marschbodens tragen zusätzlich dazu bei, daß die Marschoberfläche im Laufe der Zeit niedriger wird. Das gleiche gilt für altbedeichte große Marschinseln.
So sind die Halligoberflächen zumeist nicht die Überreste der Landflächen, die die mittelalterlichen Zerstörungen überstanden haben, sondern Neubildungen auf dem mittelalterlichen Untergrund. Man findet heute die Pflugspuren des Mittelalters nicht *auf* den Halligen, sondern im Gezeitenbereich *vor* den Halligen, wo sie nur bei Ebbe

Blick auf Hallig Hooge. Das Wasser bedeckt bei mittlerem Hochwasser das Watt bis zur Abbruchkante des Vorlandes.

sichtbar werden, bzw. *unter* den Halligen. Das gilt im Prinzip auch für die Marschinseln. Wie niedrig schon Jahre vor der großen Flut von 1634 Teile von Nordstrand gelegen haben, darüber berichtet der Augenzeuge Matthias Boetius in seiner Chronik von 1623:

„Wenn hier ein Deichbruch geschieht, so wird der Zugang sofort breiter, das Meer strömt in voller Masse herein und bedeckt das gesamte Land in großer Höhe, und man wird es nicht eher los, als bis das Loch im Deich gestopft und es durch die Siele, die alles überflüssige Wasser ablassen, wieder hinausbefördert wird."

Mit anderen Worten: In Teilen Nordstrands konnte damals das eingedrungene Meerwasser selbst bei Niedrigwasser nicht immer abfließen.

Es gibt Ausnahmen, also alte, aber dennoch recht hoch liegende Marschflächen, wie zum Beispiel die südöstliche Eiderstedter Marsch, die bereits um Christi Geburt existierte, wie man aufgrund einer Anzahl von Funden aus der römischen Kaiserzeit nachweisen konnte. Das gleiche gilt für den sandigen Nehrungshaken, der Eiderstedt wie ein Rückgrat vom Westen bis in die Mitte der Halbinsel durchzieht.

Zur Geschichte des Wattenmeeres

Unser Küstenraum hat eine abwechslungsreiche Vorgeschichte. Einen Nordseevorläufer gab es schon vor fast 100 000 Jahren, als sich zwischen der vorletzten und der letzten Eiszeit eine Warmzeit ähnlich derjenigen einstellte, in der wir heute leben und von der das Meer seinen Namen erhalten hat: das „Eem"-Meer.

Nach der letzten Eiszeit, der Weichsel-Eiszeit, bildete sich vor rund 10 000 Jahren, am Anfang der geologischen Jetztzeit (Holozän), allmählich die Nordsee. Der Meeresspiegel lag damals noch ca. 50 Meter unter dem heutigen Niveau. Unsere Küstengegend war noch tiefstes Binnenland; die Küstenlinie verlief weit draußen westlich der Doggerbank, und die Rentierjäger konnten von unserer Gegend aus – abgesehen von der Überwindung einiger Flüsse – auf dem Landweg England erreichen.

Nicht eine Landsenkung, sondern ein weltweiter Anstieg des Meeresspiegels bewirkte die Veränderungen in unserem Gebiet. Die gewaltigen Eismassen der Arktis und der Antarktis begannen mit der Klimaerwärmung nach der letzten Eiszeit teilweise abzuschmelzen. Dasselbe gilt für die vergletscherten Gebiete der Gebirge, wie z. B. der Alpen, die nun kleiner wurden und das Schmelzwasser durch die großen Flüsse wie den Rhein und die Donau in die Meere entließen. So stieg der Weltmeeresspiegel bis auf sein heutiges Niveau. Zuerst hatten wir es mit einem sehr raschen Anstieg zu tun, der sich aber vor etwa 7000 Jahren stark verlangsamte und in ein Pendeln überging.

Der Meeresspiegelanstieg erreichte vor rund 8000 Jahren erstmals unser heutiges Küstengebiet. Damals gab es Anstiegsraten von etwa zwei Metern pro Jahrhundert! Zum Vergleich: In den vergangenen vier Jahrhunderten betrug der Meeresspiegelanstieg etwa 25 Zentimeter pro Jahrhundert, seit den 50er Jahren des 20. Jahrhunderts aber doppelt so viel. Leider wissen wir bis heute nicht, wie groß davon der durch den Menschen verursachte Betrag ist.

Betrachten wir zunächst einmal nur die Innenküste, so hatte das Meer vor 5000 Jahren in Schleswig-Holstein bereits den Westabhang der Geest erreicht, d. h. etwa die Linie Bredstedt-Husum-

Heide-St. Michaelisdonn. Es nagte an den Kliffen von Schobüll und von Dithmarschen, hatte also das Gebiet der heutigen Marsch weitgehend überflutet, wenngleich der Meeresspiegel noch deutlich niedriger lag als heute. Die Elbmündung war eine riesige Meeresbucht, ebenso die Wesermündung, die mit der Jade eine gemeinsame Bucht bildete. Ganz anders sah das Bild in Ostfriesland aus. Das Festland reichte größtenteils noch etwas über die heutigen Ostfriesischen Inseln ins Meer hinaus und besaß an seiner Außenküste wohl noch einige Geestkerne, die zu Sandlieferanten für entsprechende Nehrungsbildungen wurden. Es erfolgte eine erste Abtragung der eiszeitlichen Geestkerne in Küstennähe, z. B. im Nordwesten der Ostfriesisch-Oldenburgischen Geest sowie an den großen Vorländern von Sylt und Amrum, der Pisa-Moräne und der Amrumbank.
Die ersten Vorläufer der Ostfriesischen Inseln bildeten sich. Dithmarschen war noch wesentlich schmaler, denn der Wattsockel war hier wegen des Fehlens schützender Inseln weniger ausgeprägt, so daß die Küstenlinie weiter ostwärts als heute verlief.
Es ist schwer, sich den Meeresspiegelanstieg plastisch vor Augen zu führen, aber es gibt einige eindrucksvolle Zeugnisse, z. B. die Großsteingräber der Jüngeren Steinzeit, die heute im Wattenmeer südlich von Archsum auf Sylt liegen. Sie werden bei jeder Flut überspült, liegen also heute etwa auf der Höhe von Normalnull (NN), dem mittleren Meeresspiegel. Wir dürfen davon ausgehen, daß man diese so wertvollen Bauten damals absolut hochwassersicher baute, d. h. der Meeresspiegel wird damals fünf bis sieben Meter niedriger gelegen haben als in der Gegenwart.
Zunächst führte der steigende Meeresspiegel im

Zuge der sog. Flandrischen Transgression dazu, daß das vom Land meerwärts abströmende Süßwasser gebremst wurde. So kam es zu großflächigen Vermoorungen. Ihre Hinterlassenschaft ist der sog. Basistorf, ein wichtiger Leithorizont für die Geologen. Als dann das Meer weiter vorrückte und den Basistorf überschwemmte, war der erste Schritt zur Bildung des Wattenmeeres getan, denn bald lagerten sich Kleischichten ab, die bei einem späteren leichten Absinken des Meeresspiegels wieder von Moorschichten überlagert wurden.
Ein Absinken des Meeresspiegels geschah auch um Christi Geburt. In Ostfriesland wurde die Marsch besiedelt, ebenso, wie bereits erwähnt, im Südosten von Eiderstedt.
Am Ende des ersten nachchristlichen Jahrtausends breiteten sich die Friesen nach Norden aus und begannen in Nordfriesland mit dem Deichbau, den sie zuvor schon in ihrer Stammheimat, dem Rheinmündungsgebiet, praktiziert hatten. Ihnen kam zugute, daß um diese Zeit der Meeresspiegel nach zwischenzeitlichem Anstieg wieder leicht absank. Zuerst baute man nur Sommerdeiche um die Dorfwarften, um ein wenig Getreide ernten zu können. Das Vieh weidete auf den riesigen unbedeichten Flächen. Bereits 100 Jahre später hatten die Friesen die meisten Nutzflächen an der Küste mit einer riesigen Deichlinie, dem sog. goldenen Ring, versehen. Ein Detail soll hier nicht unerwähnt bleiben: Zu einem Koog gehört nicht nur der Deich als Schutzwehr vor der Nordsee, sondern auch das Siel zur Beseitigung des Niederschlagwassers, das bei Regen auf die Felder fällt, aber auch indirekt durch die Flüsse hierher gelangt; diese durchfließen auf dem Weg in die Nordsee die Köge und setzen sich außerhalb der Deiche als Priele im Wattenmeer fort. Um das

unerwünschte Süßwasser zu entfernen, legte man ausgehöhlte Baumstämme quer durch den Deichfußbereich und versah sie mit einer Klappe, die das bei Ebbe aus den Gräben in Richtung Nordsee drängende Süßwasser herausströmen ließ. Die nächste Flut hingegen drückte die Klappe gegen den Baumstamm und verschloß ihn so lange, bis bei Ebbe das Wasser wieder ausströmen konnte. Heute dienen als Siele beachtliche Bauwerke aus Beton, und nicht selten helfen elektrische Pumpen nach, wenn das Gefälle für den Abfluß in das Meer fehlt.

Die ersten Deiche waren nur niedrig – weniger als zwei Meter hoch – und wurden aus massivem Klei gebaut, so daß eine leichte Überflutung oft keinen großen Schaden anrichtete. Dann aber setzten die schweren mittelalterlichen Sturmfluten ein. Daß sie so katastrophale Auswirkungen haben konnten, ist zum Teil auf das Wirken des Menschen zurückzuführen. Es wurden unter anderem auch zahlreiche Niedermoorgebiete eingedeicht, die durch Entwässerung in sich zusammensackten und so in eine Höhenlage unterhalb des Meeresspiegels gerieten. Moorbildungen trugen auch dazu bei, daß Dollart und Jadebusen einbrachen, zwei Gebiete, die bisher nur teilweise wiederbedeicht werden konnten. Andere Buchten, wie die Harlebucht und die Leybucht, sind inzwischen ganz bzw. teilweise wieder Festland geworden. Vor allem die große Mandränke von 1362 brachte dauerhafte Verluste. In Nordfriesland ging Rungholt als Teil der Insel Strand verloren. Viele Gebiete konnten hinterher nicht wieder zurückgewonnen werden, weil die Pest wenige Jahre zuvor mehr als die Hälfte der Bevölkerung hinweggerafft hatte und einfach nicht genügend Menschen für die schwere Arbeit der Wiederherstellung der

Blick auf das Eidersperrwerk mit fünf Sieltoren. Es regelt seit 1973 die Entwässerung der Eiderniederung und schützt sie vor Sturmfluten; links die Schiffs-Schleuse.

Alte Darstellung eines Sielzuges, der durch den Deich in einen Priel an der offenen Nordsee übergeht. Außendeichs ankern Schiffe vor einem Landungssteg.

Deiche zur Verfügung standen. Im Bereich von Nordfriesland wirkte sich noch schwerer die zweite Mandränke von 1634 aus, bei der die immer noch sehr große Insel Strand so gründlich zerstört wurde, daß später nur noch drei Trümmerstücke wiederhergestellt werden konnten: Pellworm, Nordstrand und Nordstrandischmoor.
Andererseits gab es Gebiete auf Strand, die aufgrund ihrer natürlichen Höhenlage lange Zeit nie von einer Flut erreicht wurden. Dies gilt vor allem für das „Hohe Moor", ein Hochmoor, das wegen seiner uhrglasförmigen Aufwölbung nicht überflutungsgefährdet war – anders als die erwähnten Niedermoorgebiete. Sein Rest lebt in der Hallig Nordstrandischmoor weiter, auch wenn dieses Landstück jetzt nur noch die relative Höhe einer gewöhnlichen Hallig aufweist, d. h. auch den Sturmflutüberschwemmungen ausgeliefert ist. Die Überschwemmungsgefahr ist neuerdings durch Maßnahmen des Menschen sogar noch gestiegen, wie generell die Erhöhung der Wasserstände nicht nur ein Naturphänomen ist, sondern auch mit der wirtschaftenden Tätigkeit des Menschen zu tun hat. Je mehr natürliche Überschwemmungsflächen dem Meer durch Eindeichung entzogen werden, desto kürzer wird die Küstenlinie und desto höher steigt lokal der Meeresspiegel. Davon ist auch Nordstrandischmoor betroffen. Bei der Gewinnung des Beltringharder Koogs nordöstlich von Nordstrand hat man in Kenntnis dieser Tatsache für die zu erwartenden höheren Wasserstände auf dieser Hallig Vorsorge getroffen.
Relativ glimpflich kam in Vergangenheit und Gegenwart Eiderstedt davon, dessen „Rückgrat" ein alter Nehrungshaken ist, der, wie erwähnt, schon vor 2000 Jahren besiedelt war. Er trug dazu bei, daß sich die Überflutungen und die damit ver-

Gewundene Priele gliedern die Salzwiesenlandschaft der Hallig Nordstrandischmoor.

Hallig-Einsamkeit auf Nordstrandischmoor

bundenen Zerstörungen in Grenzen hielten. Ja, auf lange Sicht konnte ein deutlicher Landgewinn verzeichnet werden, beginnend mit der Durchdämmung der Hever im frühen 13. Jahrhundert. Die heutige große Halbinsel bestand zuvor aus vier Inseln: Eiderstedt, Everschop, Utholm und Hever – unter diesen Namen sind sie noch in der Inselliste Waldemars II. aus der Zeit um 1230 verzeichnet.

In Dithmarschen gab es – bis auf Büsum – keine vorgelagerten Inseln, die schützende Nehrungen für die Ausbildung von Marschland hätten bilden können. So setzte hier die Marschbildung allmählich an der Geest an und schob sich im Laufe der Zeit immer weiter nach Westen vor. Wegen des hohen Sandanteils neigte die Marsch hier auch wenig zu Sackungen und konnte eine gute Höhe über dem Meeresspiegel bewahren.

Nach der schweren Sturmflut von 1634 begann der Landgewinn fast überall an der Nordseeküste den Landverlust zu überflügeln, und bis heute sind viele tausend Hektar neues Land dem Meer abgerungen worden. Neuerdings spielt bei einer Koog-Anlage nicht mehr die landwirtschaftliche Nutzung die Hauptrolle, sondern vielmehr die wasserwirtschaftliche, die auch mit ökologischen Gesichtspunkten, z. B. der Bereitstellung von Lebensraum für die Zugvögel, verbunden wird. Der neue Beltringharder Koog, der Nordstrand zur Halbinsel gemacht hat, ist auf der einen Seite ein Speicherkoog, der die bei Sturmflut nicht abfließenden Binnen-Wassermassen aufnimmt; auf der anderen Seite auch ein großes Biotop, ein Vorzeige-Objekt im großen Nationalpark Wattenmeer.

So ist die Geschichte des Wattenmeeres durch einen ständigen Wandel gekennzeichnet. Sein heu-

tiges Aussehen ist im wesentlichen eine Folge der mittelalterlichen Sturmfluten, verbunden mit einem bis heute andauernden Meeresspiegelanstieg sowie den anschließenden Landgewinnungsmaßnahmen des Menschen, die zu einer drastischen Verkürzung der Küstenlinie und zu einem zusätzlichen Ansteigen des Meeresspiegels führten.
Während in Dithmarschen und dem südlichen Bereich Nordfrieslands seit dem ersten großen Meeresvorstoß vor etwa 5000 Jahren deutliche Landgewinne auf Kosten des Wattenmeeres erreicht wurden, erstreckt sich im Gebiet von Ostfriesland und im nördlichen Nordfriesland das Wattenmeer großenteils auf dauerhaft verlorenen Landflächen.

Meereskunde, Klima und Gezeiten der Nordsee

Gerhard Kortum

Die Klimaverhältnisse und Wetterbedingungen der Nordsee sind für die Berufs- und Sportbootschiffahrt, die Fischerei und Hafenwirtschaft sowie für den Fremdenverkehr am Küstensaum und auf den vorgelagerten Inseln von großer praktischer und wirtschaftlicher Bedeutung. Besonders wichtig sind hier die Gezeitenverhältnisse. Im Mittelpunkt stehen in den folgenden Betrachtungen hauptsächlich die „normalen“, durchschnittlichen Abläufe im Naturgeschehen, weniger extreme Ereignisse wie Sturmfluten mit ihren oft katastrophalen Folgen.

Zur Meereskunde der Deutschen Bucht

Die 580 000 Quadratkilometer große Nordsee umfaßt bei einer mittleren Tiefe von 94 Metern ein Wasservolumen von 54 000 Kubikkilometern. Sie ist ein relativ flaches, auf dem europäischen Kontinentalschelf liegendes Randmeer des Atlantischen Ozeans.

Die Nordsee ist im Norden, zwischen Nordschottland, den Orkney- und Shetland-Inseln und Norwegen, gegenüber dem Weltozean (Europäisches Nordmeer) auf einer Breite von 475 Kilometern geöffnet, während die knapp 34 Kilometer breite Straße von Dover ozeanische Einflüsse auf die Nordsee aus dem Südwesten nur bedingt zuläßt. Als Abgrenzung vom tieferen Skagerrak zum bereits zur Ostsee rechnenden Kattegat ziehen Nautik und Wissenschaft in der Regel die Linie Skagen (Dänemark)–Marstrand (Schweden) heran, obwohl hier keine deutliche morphologische Schwelle beide Meeresräume voneinander trennt.

Aus diesen geographischen Grundtatsachen ergibt sich, daß die Nordsee hydrographisch und auch meteorologisch sehr stark von den meereskund-

lichen Verhältnissen im Nordostatlantik beeinflußt wird.
Die Deutsche Bucht ist durch die großen, tief ins Binnenland führenden Ästuare (Trichtermündungen) von Eider, Elbe, Weser und Ems sowie zahlreiche küstennahe Inseln und Sände geprägt. Seewärts ist sie durch den Einfluß der erheblichen Süßwasserzufuhr der Ströme auf den Salzgehalt und durch größere jahreszeitliche Temperaturschwankungen gekennzeichnet.
Seit Jahrhunderten ist gerade dieser Teil der Nordsee mit den westlich benachbarten Niederlanden durch Seeverkehr, Hafenwirtschaft und Küstenfischerei, neuerdings durch Kurbetrieb und Fremdenverkehr sehr stark in Anspruch genommen. Besonders dieser Abschnitt des atlantischen Küstensaums wurde durch Einflußnahme des Menschen auf die Küstenlinien – etwa durch Bedeichungen – und die natürlichen hydrographischen Verhältnisse, wie Veränderungen des Gezeitenablaufs durch Dammbauten zu vorgelagerten Inseln und Ausbaggerungen der Tiderinnen in den Ästuaren sowie deren Abschluß durch Sperrwerke, erheblich umgestaltet.
Alle vom Menschen verursachten Veränderungen, Nutzungen und Planungen mußten und müssen den von der Natur vorgegebenen Rahmen einer in geologischer und hydrographischer Hinsicht sehr dynamischen und ökologisch hochsensiblen flachen Gezeitenlandschaft berücksichtigen.

Salzgehalt und Temperaturen im Jahresgang

Atmosphäre und Meer stehen global, großräumig, aber auch in kleineren räumlichen Zusammenhängen in Wechselwirkung. An der Meeresoberfläche spielen sich klimatisch und hydrographisch

höchst wirksame physikalische und chemische Austauschvorgänge ab. Hierbei geht es um Energie- und Stoffflüsse in beide Richtungen. Meeresströmungen transportieren ungeheure Energien über große Entfernungen, angetrieben von stetigen Winden oder Dichte-Unterschieden. Temperatur und Salzgehalt beeinflussen die Dichte des Meerwassers: Kaltes Wasser wird schwerer und sinkt bei winterlicher Abkühlung ab, auch mit zunehmendem Salzgehalt wird das Wasser schnell schwerer und dichter. Aussüßung nach Auftauen des Eises, Zustrom von Festlandsflüssen oder viel Niederschlag auf See machen das Wasser weniger dicht und damit leichter. Es stellt sich zeitweise eine ausgeprägte Schichtung des Wassers in etwa 20 Meter Tiefe ein, die durch Temperatur und Salzgehalt bedingt ist. Im Winter hingegen durchmischt sich die gesamte Wassersäule.
Die Oberflächentemperatur folgt dem mittleren durchschnittlichen Jahresgang der Lufttemperatur mit der für das Meer so charakteristischen jahreszeitlichen Verzögerung um etwa zwei Monate. Im August werden in der inneren Deutschen Bucht im Mittel 18 °C erreicht, in der nördlichen Nordsee nur 13 bis 14 °C. Im Februar weisen die auf langjährigen Daten beruhenden Monatskarten im Küstenvorfeld bis Helgoland Temperaturen unter 3 °C auf, während durch den Englischen Kanal bis vor das Mündungsgebiet von Rhein und Themse eine atlantische Warmwasserzunge von über 7 °C in den Bereich der Hoofden (südwestliche Nordsee) vordringt. Diese Werte werden auch im breiten Nordseezugang zwischen den Orkneys und Norwegen überschritten. Je weiter man in die Deutsche Bucht hineinkommt, um so ausgeprägter werden die Temperaturschwankungen im Jahresgang. Das Maximum der Temperatur im Ober-

An der Außenküste der Nordseeinseln, wie hier am Strand bei Westerland auf Sylt, sind Seegang und Brandung besonders eindrucksvoll.

flächenwasser der Nordsee im Monat August der Jahre 1971 bis 1980 lag mit 23 °C im Bereich der Nordfriesischen Inseln um 7 °C höher als auf gleicher geographischer Breite vor der wenig zum Baden einladenden englischen Ostküste. Während im Winter praktisch die gesamte Wassersäule homotherm ist (d. h. von gleicher Temperatur), bildet sich im August durch die windbedingte Durchmischung eine warme Deckschicht von über 10 °C, die in 30 bis 40 Meter Tiefe mit einer deutlichen Sprungschicht zur 5 bis 7 °C kalten bodennahen Unterschicht übergeht.
Die Meerestemperaturen sind wegen möglicher Eisbildung für die Schiffahrt und wegen der Badetemperatur auch für den Fremdenverkehr von großer wirtschaftlicher Bedeutung, ebenfalls für alle biologischen Vorgänge im Meer. In strengen Wintern bildet sich ein Eisgürtel im Küstenbereich. In normalen Wintern tritt nach langjährigen Beobachtungen im nordfriesischen Wattenmeer sowie in geschützten Innenfahrwassern an 17 bis 20 Tagen Eis auf, im ostfriesischen Küstenbereich aber nur an zwei bis fünf Tagen. Das Scholleneis kann durch die Gezeitenströme und anhaltende Westwinde zu einer für die Schiffahrt unüberwindlichen Eisbarriere zusammengeschoben werden. In der offenen Deutschen Bucht hingegen ist der Wärmevorrat des salzreichen und deshalb langsamer gefrierenden Nordseewassers im frühen Winter in der Regel zu hoch, um sie zufrieren zu lassen. Nordwestlich von Helgoland wurde nur in acht Prozent der Beobachtungsjahre Scholleneis bzw. Eisbrei gesichtet, so im Februar/März 1963 und Januar 1970. Meerwasser mit einem Salzgehalt von 25 Promille erreicht bei –1,4 °C seine größte Dichte und gefriert erst mit Bildung von Eiskristallen bei noch tieferen Wassertemperaturen.

Der Jahresgang des Salzgehalts ist weniger ausgeprägt. Ganzjährig ragt auf breiter Front eine ozeanische Zunge von mehr als 35 Promille Salzgehalt (d. h. 3,5 Prozent, das entspricht etwa dem Standard im Atlantik) meist bis zur Doggerbank in der südlichen zentralen Nordsee. In der Deutschen Bucht wird der Wert von 34 Promille nur teilweise überschritten. Im Bereich der großen Flußmündungen und im Wattenmeer wird das Meerwasser mit weniger als 28 Promille Salzgehalt brackiger. Im Englischen Kanal zeigt sich wiederum eine atlantische Einstromzunge mit hohem Salzgehalt, die einem salzärmeren Oberflächeneinstrom aus dem Ostseegebiet im Skagerrak gegenübersteht.
Aus praktischer Sicht sind die geringen regionalen und jahreszeitlichen Salzgehaltsunterschiede, die ein geübter Beobachter zwar exakt bestimmen, aber nicht schmecken kann, unerheblich. Die größere Eintauchtiefe von Schiffen in der salzärmeren Ostsee mit dem im Vergleich zur Nordsee weniger dichten, also leichteren Wasser liegt nur im Zentimeterbereich und hat angesichts der erheblichen Tidenhubunterschiede für die Schiffsführung keine Bedeutung. Der meeresheilkundlich wichtige Anteil von Aerosolen in der Brandungszone der Nordsee hat aber einen großen – positiven – Einfluß auf die Atemwege des Menschen.
Von Bedeutung für Ablagerungsprozesse und biologische Vorgänge in Flußmündungsbereichen ist die Überschichtung von Meerwasser durch Flußwasser im Zyklus des Gezeitengeschehens. Diese hydrographischen Besonderheiten bestimmen auch wesentlich die Verteilung von Schadstoffen und Nährstoffen (Phosphaten und Nitraten), die als Fracht mit den großen Festlandsflüssen in das Ökosystem Nordsee gelangen.

Wetter und Klima

Der Wärme- und Stoffhaushalt der Nordsee wird neben den von außen wirkenden Einflüssen des Atlantiks auf das flache Randmeer durch die über dem Meer liegende Atmosphäre mit ihren wichtigsten Faktoren Temperatur, Feuchte, Niederschlag, Aerosole, Wind und Stabilität der Luftschichtung bedingt. Die Temperaturdifferenz Luft–Wasser ist fast überall in der Nordsee von April bis Juli positiv, d. h. daß die Luft wärmer als das Wasser ist. Von September bis März hingegen ist das Wasser wärmer. Im August gleichen sich im langjährigen Mittel Luft- und Wassertemperatur an.

Die wichtigste Eigenschaft des atlantisch-maritim bestimmten Nordseeklimas beruht auf der physikalisch gegebenen hohen Wärmespeicherkapazität des Wassers. Wenn sich das Wasser bis zu einer Tiefe von nur einem Meter um 1 °C erwärmt, könnte man mit der gleichen Energie die gesamte Atmosphäre bis zu einer Höhe von vier Kilometern um 1 °C erwärmen.

Der Nordseeraum liegt im Bereich des Westwindgürtels auf der Nordhalbkugel, der durch starke Tiefdruckaktivität – verbunden mit Luftbewegungen entgegen dem Uhrzeigersinn – gekennzeichnet ist. Tiefdruckgebiete kommen vom Atlantik und ziehen bei bestimmten Großwetterlagen in schneller Folge mit ihren wetterwirksamen Fronten auf bestimmten Zugrouten über Europa. Das Klima ist überwiegend atlantisch bestimmt, wenn sich auch im Sommer oder – besonders stabil – im Winter kontinentale Hochdruck-Wetterlagen einstellen. Die Nordatlantische Drift bringt relativ warmes Wasser aus dem Golfstrombereich nach Schottland und in die nördliche Nordsee („Warm-

Oben: Plötzlich auftretende Seenebel sind nicht selten in der Marsch und im Wattenmeer, vor allem im Frühjahr und Sommer. Sie machen die Orientierung ohne Kompaß unmöglich.

Rechts: In der Abendsonne verlieren die kilometerhohen Kumulus-Wolken über Strand und Dünen an Kraft. Man erkennt es daran, daß sie im oberen Bereich ausfransen.

wasserheizungs-Effekt"). Die bodennahen Luftschichten über dem Meer nehmen diese Wärme auf. Die Jahresschwankung der Lufttemperatur steigert sich im Übergang vom ozeanischen zum kontinentaler bestimmten Klima in der inneren Deutschen Bucht von 8 °C auf 15 °C. Prägend sind stärkere kurzfristige Luftdruckveränderungen, die sich aus wandernden Tief- und Hochdruckgebieten ergeben. Entsprechend variabel sind die Windrichtungen und -stärken. Winterliche Sturmtiefs können im Kern bis auf 950 Hektopascal (hPa) sinken, bei Hochdrucklagen werden im Sommer 1040 und im Winter sogar 1050 hPa überschritten.

Das Windfeld ist nach Richtung und Stärke durch große Unregelmäßigkeit gekennzeichnet. Es ist wenig sinnvoll, eine mittlere Windrichtung anzugeben. Winde aus Ost und Nordost treten mit etwa 40 Prozent z. B. im März etwa gleich häufig auf wie die aus dem südlichen und südwestlichen Sektor. Von Juni bis August weht der Wind mit Einsetzen des „Festlandsmonsuns" überwiegend aus Nordwest, dreht dann im langjährigen Mittel auf Südwest und behält diese vorherrschende Richtung bis zum Jahresende bei.

Durchschnittlich sind die Windgeschwindigkeiten in der offenen nördlichen Nordsee, also im Bereich der Erdölförderplattformen, am größten und vor der englischen Ostküste am geringsten. Die Deutsche Bucht nimmt eine Mittelstellung ein. Im Spätherbst (November/Dezember) werden überall im Monatsmittel die höchsten Windgeschwindigkeiten erreicht, wohingegen die Monate Mai und Juni relativ schwachwindig sind.

Bei Windstärken von 8 bis 9 Beaufort (ca. 60 bis 90 Stundenkilometer) spricht man von Sturm, der in allen Bereichen und zu jeder Zeit des Jahres

Bei Sturmflut entsteht durch die Brandung ein Wasser-Luft-Gemisch, das als ein weißer natürlicher Schaumstreifen auf den Strand läuft.

auftreten kann. Im langjährigen Durchschnitt allerdings ist die Sturmwahrscheinlichkeit von Mai bis August sehr gering und liegt unter einem Prozent (ein Prozent Häufigkeit entspricht nach der Einteilung des Seewetteramtes 7,2 Stunden pro Monat). In der Deutschen Bucht erhöht sich im Herbst und Frühwinter die Sturmhäufigkeit auf sechs Prozent (in den übrigen Gebieten der Nordsee auf acht bis neun Prozent, im nördlichen und zentralen Teil sogar auf zwölf Prozent).
Die Stürme treten in der Regel auf der Rückseite schnell nach Osten durchziehender Tiefdruckgebiete auf, die mit kräftigen Kaltlufteinbrüchen einhergehen. Sie kommen dann meist aus der Richtung West-Südwest. Im Spätwinter kann es aber auch aus Ostrichtung, im Frühling und Sommer gelegentlich aus Nordwest stürmen. Solche Angaben sind für die Wasserstandsmeldungen, die regelmäßig über Radio vorausgesagt werden, von Bedeutung, da lange andauernde Weststürme die gezeitenbedingten Daten durch Windstau um bis zu zwei Meter erhöhen bzw. bei Ostlagen verringern. Für das sichere Einlaufen von Schiffen mit großem Tiefgang ist der letztgenannte Aspekt bei engen und flachen Fahrwassern sehr wichtig und erfordert große Umsicht. Insbesondere bei schweren Stürmen (10 bis 11 Bft) und Orkanen (12 Bft) ist es der Staueffekt in geschlossenen Buchten und Mündungstrichtern, der in Verbindung mit ungünstigen astronomischen Gezeiten (Springtiden) Sturmflutkatastrophen hervorruft, wenn die Seedeiche nicht hoch genug sind.
Im Zeitraum von 1961 bis 1980 wurde in der Elbmündung nur ein einziger Orkan beobachtet, in dem die Windgeschwindigkeit nicht nur in einzelnen Böen, sondern auch in Zehn-Minuten-Mitteln 63 Knoten (11 Bft) überschritt.

Für die Schiffahrt wurde bereits vor längerer Zeit ein Sturmwarndienst eingerichtet; für die Freizeitschiffahrt sind zudem die regelmäßigen Windvorhersagen für die Deutsche Bucht im Anschluß an die Nachrichten von Bedeutung. Aufschluß über die Großwetterlage im Bereich der Nordsee geben die in der Presse oder über das Fernsehen verbreiteten Wetterkarten.

Gezeitenverhältnisse

Der Küstenraum der Nordsee wird durch die Gezeiten bestimmt. Überall in den Häfen finden sich heute rings um die Nordsee Pegelstationen, die die schwankenden Wasserstände exakt in Form von Tidekurven registrieren. Schon an einer einfachen Pegellatte kann ein Beobachter innerhalb relativ kurzer Zeit das regelmäßige Steigen (Flut) und Fallen (Ebbe) des Wasserspiegels feststellen. Ein Wattwanderer sieht den Flutsaum stetig vorrücken, nach wenigen Minuten ist sein Fuß, der eben noch auf festem Sand stand, bis an die Knöchel unter Wasser. Es wird Zeit, die nicht immer ungefährliche Wanderung auf dem Meeresboden abzubrechen und die Rückkehr zum Strand anzutreten, um nicht durch schnell mit der einsetzenden Flut vollaufende Priele abgeschnitten zu werden.
Schon der erste Nordseefahrer Pytheas von Massilia (zweite Hälfte des 4. Jahrhunderts v. Chr.) brachte im Altertum diese ihm aus dem Mittelmeer unbekannte Erscheinung mit den Mondphasen in Verbindung. Man erkannte schon damals, daß „Mond und Sonne die Gewässer nach sich ziehen“. Erst in der Neuzeit aber konnten Astronomen, Physiker und Hydrographen das komplizierte Gezeitenphänomen exakt beschreiben sowie

Vorhersagetabellen und Gezeitenrechenmaschinen entwickeln. Die Aufstellung des Gravitationsgesetzes durch den englischen Physiker Isaak Newton (1634–1727), die Auffassung der Gezeiten als Schwingungen durch den französischen Astronomen Pierre Simon de Laplace (1749–1827) sowie die noch heute gültige Darstellung der Gezeiten der Nordsee nach Flutstundenlinien durch den österreichischen Ozeanographen Albert Defant (1884–1969) waren wichtige Marksteine auf diesem Weg.

Neben solchen wissenschaftlichen Bemühungen haben sich Seefahrer und Hafenmeister wegen der großen praktischen Bedeutung für sie mit den örtlichen Gezeitenverhältnissen befaßt. 1680 wurde der erste deutsche Gezeitenkalender für Stade und Hamburg erstellt, bei dem allerdings auf volle Stunden abgerundet wurde. In den Erläuterungen zu der Tafel „Von der Ebbe und Fluth auffm Elb-Strohme“ erkannte man schon ganz richtig: „Hier zu Stade sind die Wasser-Gezeiten ordinarie zwei Stunden früher als zu Hamburg, bey starcken West und Nordwest kömpt die Fluth früher als die Taffel weiset und auch höher, aber bey starcken Ost und Südost ist das Gegentheil. So ist auch die motion stärcker im neuen und vollen Monde, und das werden Springfluthen genannt, wovon den oberdeutschen Leuten nichts bewußt und ihnen ein Wunder düncket ...“

Die astronomischen Grundlagen der Gezeiten ergeben sich aus den Anziehungskräften der Sonne und des Mondes, die sich bei Neu- und Vollmond verstärken und zu Zeiten von zu- bzw. abnehmendem Mond teilweise aufheben. Die Anziehungskraft der Sonne beträgt trotz ihrer im Verhältnis zum Mond viel größeren Masse, bei einer Entfernung von fast 150 Millionen Kilome-

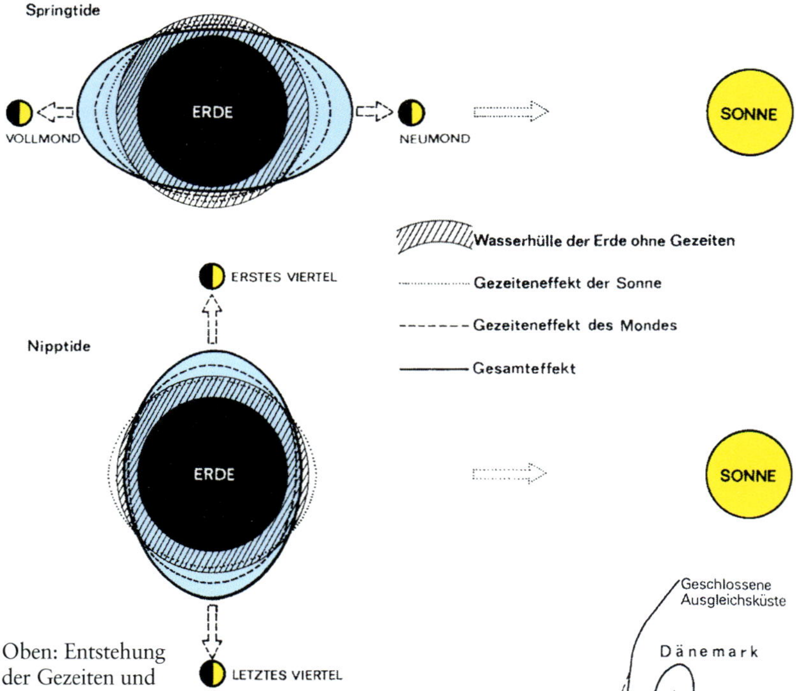

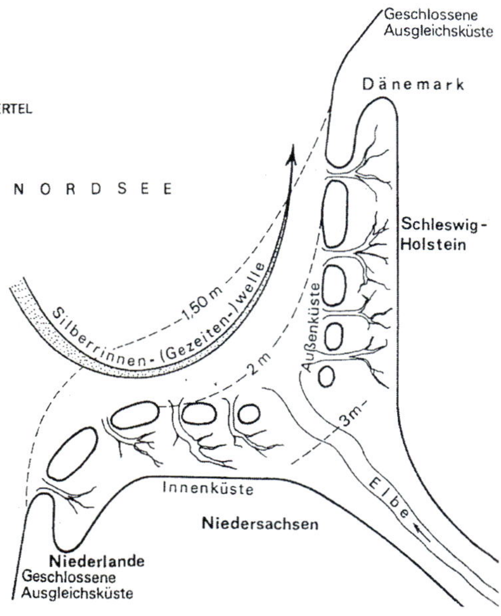

Oben: Entstehung der Gezeiten und ihre Ausprägung im Laufe eines Monats (nach Reineck, 1978)
Rechts: Barrieresystem der Deutschen Bucht mit zwischengeschalteten Wattströmen (stark schematisiert). Bei einem Tidenhub von weniger als 1,50 m geht die Inselküste in eine geschlossene Ausgleichsküste über (Dänemark, Niederlande).

tern immerhin noch fast 47 Prozent von der des Mondes. Somit entsteht die monatliche Ungleichheit der Gezeiten, wie sie in jeder längerfristigen Pegelaufzeichnung deutlich wird. Sie wirkt sich entsprechend auf die Höhe des örtlich zu erwartenden Hochwassers aus, nicht aber auf den Zeitpunkt, zu dem es eintritt.

Höhe und Zeitpunkt der Flut sind in charakteristischer Weise für jeden Hafenort gegeben. Man unterscheidet die Zenitflut bei Neumond und eine Nadirflut bei Vollmond. In beiden Fällen werden die gezeitenerregenden Kräfte verstärkt. Dies erklärt sich daraus, daß Erde und Mond um einen gemeinsamen, ca. 1700 Kilometer innerhalb der Erde liegenden Schwerpunkt kreisen und somit auch Fliehkräfte auftreten. In beiden Fällen kommt es zu Springtiden mit besonders hohem Hoch- und niedrigem Niedrigwasser. Diese kann man exakt vorhersagen. In Büsum betragen die Abweichungen zwischen Springtiden- und Nipptidenhochwasser 40 Zentimeter, also etwa zehn Prozent des normalen Tidenhubs. Bei Nippfluten heben sich die gezeitenerzeugenden Kräfte teilweise auf und führen zu einem geringeren lokalen Tidenhub.

Überall an der Nordseeküste und in den Hafenstädten an den großen Flußmündungen der Elbe, Weser und Ems, die wegen des tiefen Eindringens der Gezeiten zum Tidegebiet der Deutschen Bucht zu rechnen sind, kann man die handlichen Kurzausgaben der Gezeitentafeln des Bundesamtes für Seeschiffahrt und Hydrographie erwerben. Diese geben für das betreffende Jahr die vorausberechneten täglichen Zeiten für Hoch- und Niedrigwasser an den wichtigsten Küstenorten wieder.

Zudem finden sich darin auch Angaben über den örtlichen Tidenhub.

Der Gezeitenkalender ist auf den ersten Blick recht unübersichtlich, kann aber bei längerem Studium zu einem genaueren Verständnis des Gezeitenphänomens führen, das Raum und Zeit zugleich betrifft. Zunächst fällt auf, daß von Hochwasser zu Hochwasser durch die Drehung des Mondes um die Erde etwas mehr als ein halber Tag, genau zwölf Stunden und 25 Minuten, verstreicht. Wie die Daten vom 15. bis zum 17. Dezember 1989 zeigen, pflanzt sich der Flutscheitel der Gezeitenwelle, die von der nördlichen Nordsee entlang der englischen Ostküste nach Süden vordringt und vor Holland in östliche Richtung abdreht, von Borkum über Büsum und List/Sylt in einer Zeit von dreieinhalb Stunden fort. Die Nordsee als Randmeer erzeugt kaum eigene Gezeiten, sondern schwingt mit denen des Atlantischen Ozeans. In der Deutschen Bucht liegt ein Umlaufpunkt, um den die Welle mit der Zeit schwingt. Hier ist der Tidenhub etwa gleich Null, d. h. die Meeresspiegelhöhe verändert sich hier nicht. Ein weiterer Umlaufpunkt liegt, bedingt durch die Gezeitenwelle, die durch den Englischen Kanal nach Osten vordringt, zwischen England und den Niederlanden.
Die Flutwelle braucht relativ lange Zeit zum Einlaufen in die Flußmündungen. In der Elbe beispielsweise tritt das Hochwasser in Hamburg-St. Pauli knapp dreieinhalb Stunden später auf als in Cuxhaven. Zudem verschiebt sich beim Eindringen in die großen Prielsysteme und Flußmündungen durch Bodenreibung die Länge der Flut- und Ebbezeiten. In seewärtiger Lage, so auch noch in Büsum, dauert die Flut bzw. Ebbe jeweils etwa sechs Stunden und zehn Minuten. In Hamburg hingegen verkürzt sich die Flutdauer auf rund fünf Stunden, während die Ebbe siebenein-

halb Stunden dauert. Der symmetrische Aufbau der Pegelaufzeichnung weicht also einer steileren Flutkurve. Entsprechend höher sind die Strömungsgeschwindigkeiten, wenn bei Ebbe der Gezeitenstrom mit dem der Strömung des Flusses zusammenwirkt. Seeschiffe nutzen bekanntlich diese Tatsachen beim schnellen Einlaufen nach Hamburg und Bremen. Der Gezeitenkalender bestimmt den gesamten Hafenbetrieb, auch den Zeitpunkt des Auslaufens.

Bedingt durch die Gestalt der Küste, sind die wellenförmigen Gezeitenschwingungen im Nordseeraum verschieden groß. In der Deutschen Bucht werden nur landseits der Linie Borkum–Helgoland–Sylt im Mittel zweieinhalb Meter überschritten. Der küstennahe Tidenhub im Inneren der Deutschen Bucht erreicht, wie auch aus dem Gezeitenkalender ersichtlich, Werte von über dreieinhalb Meter. Nur in den Flußmündungen werden örtlich durch Stauwirkung vier Meter beobachtet, dies ist aber immer noch erheblich weniger als in einigen Buchten der englischen Ostküste. Der höchste Tidenhub in Europa beträgt am Bristol-Kanal 14 Meter, in der Bucht von St. Malo an der französischen Kanalküste bis zu 13 Meter. Für Gezeitenkraftwerke in der Deutschen Bucht fehlen somit die geographischen und hydrographischen Voraussetzungen.

Durch wasserbautechnische Eingriffe in den Küstenraum wie Vordeichungen, Dammverbindungen oder auch Baggerungen werden die durch die Natur gegebenen Gezeitenverhältnisse nach den bisherigen Erfahrungen nachhaltig verändert. Weitere Planungen bedürfen einer sorgfältigen Prüfung, um den natürlichen Lebensraum des Wattenmeeres und Küstenvorfelds in seiner Vielfalt und Dynamik zu erhalten. Das regelmäßige und rhythmische Spiel der Gezeiten hat seit Jahrhunderten das tägliche Leben der Küstenbewohner bestimmt und ist auch heute noch für jeden Besucher immer wieder ein großartiges Naturerlebnis.

Temperaturen in Wattenmeer und Nordsee

Wolfgang Hassenpflug

Eine Vorstellung davon, wie sich die Temperaturen von Nordsee und Wattenmeer zueinander verhalten, geben Satellitenbilder. Auf allen vier Teilbildern (S. 49/51) läßt sich rechts die deutsche Nordseeküste von Sylt im Norden (darüber noch die dänische Insel Röm) bis zur Emsmündung im Süden gut erkennen. Die verschiedenen Farben für die offene Nordsee und das Wattenmeer deuten darauf hin, daß das Wattenmeer z. B. aufgrund seiner geringen Tiefe und der relativ ruhigen Wasserfläche eine ganz eigene Qualität gegenüber der offenen Nordsee besitzt.
Die Meeresfläche wird von kräftigen Farben dominiert, die unterschiedliche Temperaturen ausdrücken. Dabei sind die blauen Töne grundsätzlich die jeweils kälteren Flächen. Zu beachten ist, daß die Farben nicht immer dieselbe Temperatur darstellen. Mit Hilfe der unter jeder Teilaufnahme abgebildeten Skala läßt sich aber die Zuordnung leicht durchführen.

Januar: Wer am 17. Januar 1997 von einem Festlandsdeich an der deutschen Nordseeküste übers Watt und Meer hinausschaute, dem bot sich ein winterliches Bild mit Frost und Eis. Das Satellitenbild (S. 49 oben) zeigt denn auch entlang der gesamten Deutschen Bucht blauschwarze Farben, also Temperaturen unter –1 °C. Vor allem im Bereich des Wattenmeers herrschte große Kälte. Man mochte an der Küste den Eindruck haben, so eisig ginge es bis zum Nordpol weiter. Doch weit gefehlt: Schon wenig außerhalb der friesischen Inseln waren die Wassermengen zu groß und zu warm, als daß ein Einbruch sibirischer Kälte sie unter den Gefrierpunkt hätte abkühlen können. Die Temperaturen dort, rund 75 Kilometer westlich von Sylt und Amrum, erreichten noch rund

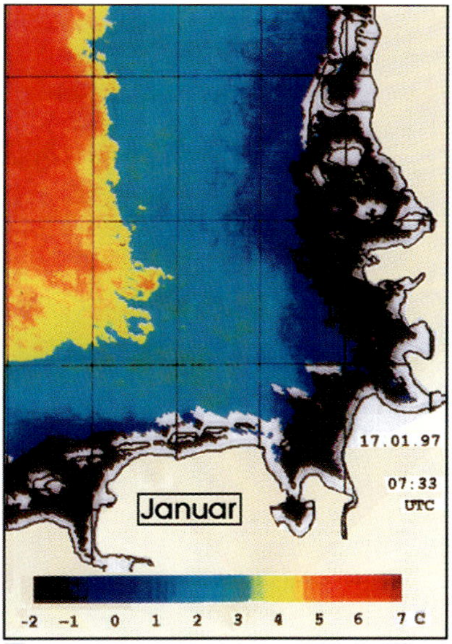

Im Januar kann aufgrund des Golfstroms trotz Frostwetters die offene Nordsee recht warm sein, erkennbar vor allem links an den roten und gelben Farbtönen. Im Wattenmeerbereich herrscht an diesem Tag Frost.

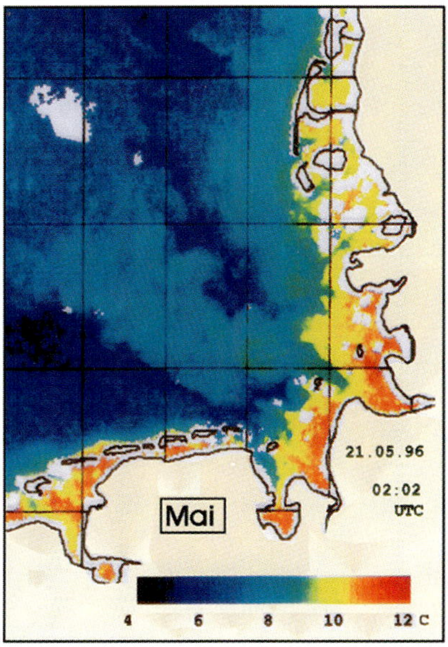

Im Mai erscheint die Farbgebung fast ausgetauscht. Jetzt ist der küstennahe Bereich stärker erwärmt. In den geschützten Buchten des Watts steigen die Wassertemperaturen bis auf etwa 11 °C.

5 °C, was sich deutlich in der gelben und roten Farbe zeigt. Die Besatzung des deutschen U-Boots U 19 konnte auf einer Winterfahrt in die offene Nordsee bereits bei Helgoland (54′ 11″N 7′54″E) den Eisschutz am Bug abmontieren, den es bei der Ausfahrt in Kiel angelegt hatte. Der Grund dafür: Warmes Wasser aus dem Golf von Mexiko strömt mit Hilfe des Westwindes nach Osten, also auch in unsere Nordsee. Diese „Golfstromheizung“ ist der entscheidende Wärmelieferant für die winterliche Nordsee.

Mai: Das zweite Satellitenbild (S. 49 unten) wurde im späten Frühjahr, am 21. Mai 1997, aufgenommen. Die Farbverteilung hat sich völlig verändert. Im Wattenmeerbereich findet man jetzt die warmen Farbtöne und in der offenen Nordsee die blauen bis schwarzblauen. Die weißen Flecken sind Wolken. Zu beachten ist, daß auf diesen Satellitenbildern „warm“ und „kalt“ stets an die Jahreszeit angepaßt werden, so daß die Temperaturskala nach oben verschoben ist. Gelbe bis rote Farben bedeuten nunmehr 10 bis 11 °C. Spätestens im Mai kehren sich also die Temperaturunterschiede zwischen offener Nordsee und Wattenmeer um. Das flache Wasser des Wattenmeeres erwärmt sich rascher als die großen Wasservolumina der offenen See, insbesondere bei anhaltender Sonneneinstrahlung.

Juni: Das nächste Bild (S. 51 oben) wurde Anfang Juni aufgenommen. Die Erwärmung des Meeres geht mit großen Schritten voran. Rot bedeutet jetzt ca. 15 bis 16 °C. Die Aufnahme erfolgte während der Niedrigwasserzeit, so daß das Wattenmeer jetzt weiß erscheint. Das zuvor im flachen Watt erwärmte Wasser ist in die davor lie-

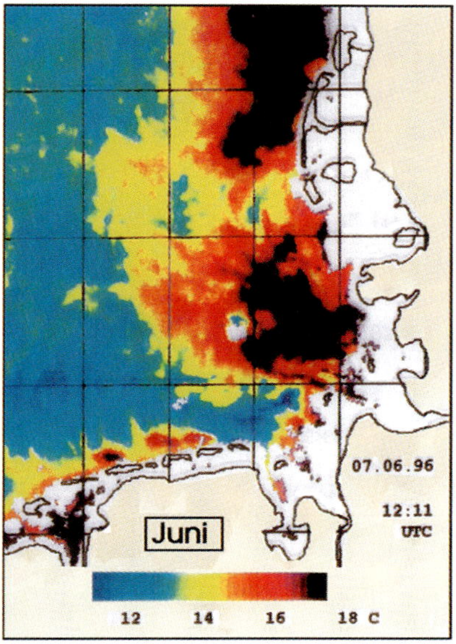

Im Juni ist die offene Nordsee noch relativ kühl. Das Wattenmeer hingegen entläßt bei Ebbe das aufgewärmte Wasser in die küstennahen Nordseebereiche.

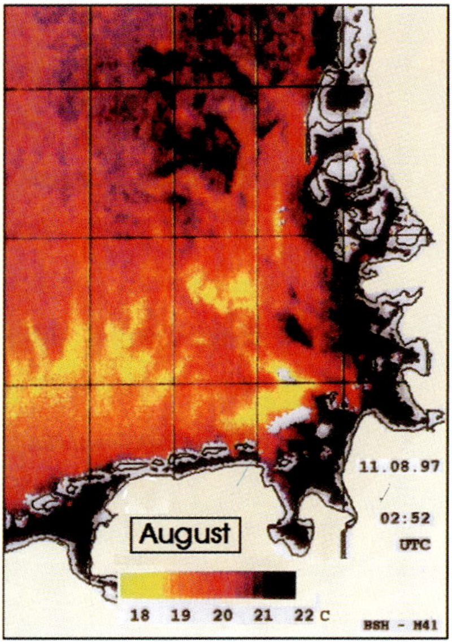

Der August zeigt sich bei der hier aufgenommenen Wetterlage von seiner besten Seite. Ein Hochdruckgebiet hat das Wasser auf dem gesamten Kartenbild erwärmt, und selbst vor der Insel Sylt werden noch Temperaturen über 20 °C erreicht.

genden Nordseebereiche geflossen und erzeugt dort die kräftigen rotbraunen Farbtöne. Das trockengefallene Watt „tankt" weitere Sonnenwärme, um sie bei der nächsten Flut an das Wasser abzugeben. Der Badegast an der Festlandsküste erlebt so tägliche Unterschiede der Wassertemperatur von bis zu 6 °C.

August: Bei anhaltender Hochdruckwetterlage im Sommerhalbjahr kann auch die offene Nordsee oberflächlich stark erwärmt werden. Im August 1997 war das in ausgeprägter Weise der Fall, wie das Satellitenbild (S. 51 unten) belegt. Weitflächig wurden 20 °C und mehr erreicht, während die Temperaturen im Wattenmeer sogar auf mediterrane Werte von bis zu 24 °C anstiegen. So bewahrt dieses Bild die Erinnerung an einen der schönsten Sommer der letzten Jahrzehnte.

Die Wassertemperaturen der Nordsee haben sich übrigens in den letzten 120 Jahren nicht dauerhaft verändert. „Wir stellen zwar Schwankungen mit mehrjähriger Dauer fest, es gibt aber keinen anhaltenden Trend für eine Zu- oder Abnahme der Werte", erläutert Prof. Dr. Gerd Becker aus dem Bundesamt für Seeschiffahrt und Hydrographie in Hamburg (BSH) die Ergebnisse einer Langzeitstudie. Ihm verdanken wir auch die Abdruckgenehmigung für die Satellitenbilder.

Zur Entstehung der Satellitenbildkarten

Aus etwa 300 bis 600 Messungen, die wöchentlich beim BSH von Schiffen, Förderplattformen und Küstenstationen eingehen, wird dort seit 1968 wöchentlich eine Karte der Temperaturverteilung erstellt, aus der dann wiederum statistisch

Mittelwerte für die gesamte Meeresfläche und aus diesen die Mittelwerte für Monate und Jahre berechnet werden.
Dieses traditionelle Verfahren wird seit 1994 durch Messungen aus dem Weltraum ergänzt. Ausgewertet werden dabei die Meßwerte von Radiometern (Strahlungsmessern) an Bord der amerikanischen NOAA-(National Oceanic and Atmospheric Administration-)Satelliten. Diese umkreisen die Erde über den Polen in etwa 850 Kilometer Höhe. Aus ihren Meßwerten im Bereich der Infrarotstrahlung können die Temperaturen der Meeresoberfläche (SST, Sea Surface Temperatures) abgeleitet und in eine Farbskala umgesetzt werden. Die Werte beziehen sich streng genommen nur auf eine weniger als einen Millimeter dicke Oberflächenschicht, sind aber mit den Messungen vor Ort, die meist bis in Wassertiefen bis zu einem Meter erfolgen, gut vergleichbar, wenn man sie so sorgfältig wie im BSH bearbeitet. Wolken behindern die Messung. Man kann aber die wolkenfreien Ausschnitte der Bilder einer Woche elektronisch zusammensetzen und so dennoch meist zu flächenfüllenden Karten gelangen.
Der Vorteil der Satellitenmessungen ist, daß sie die Temperaturverteilung flächendeckend – bis zu einer technisch bedingten Auflösung von einem Quadratkilometer – auch dort zeigen, wo es keine Vor-Ort-Messungen gibt, und dies Tag für Tag. In den Temperaturkarten spiegeln sich viele kleinräumige und rasch veränderliche Phänomene wie z. B. Wirbel und Fronten wider. In der Wiederholung werden die grundlegenden Strukturen der Temperaturverteilung deutlich, wie sie sich in den jeweiligen Jahreszeiten oder bei bestimmten Wetterlagen ausbilden.

Ökosystem Nordsee

Harald Asmus

Kaum ein Ökosystem auf der Welt hat im Laufe der Zeit so tiefgreifende ökologische Veränderungen erfahren wie die Nordsee. Ihre Entstehung verdankt sie dem Ende der Eiszeit. Ein Großteil des heutigen Nordseebodens war damals durch Gletscher bedeckt.

Gewissermaßen als Keimzelle der Nordsee überdauerte in der arktischen Landschaft ein Eissee die unwirtlichen Zeiten. Gespeist von den europäischen Strömen Humber, Themse, Elbe, Weser, Rhein und weiteren Flußsystemen, floß das überschüssige Wasser dieses Sees durch die Straße von Dover und den englischen Kanal zum Atlantik hin ab.

Mit der Milderung des Klimas und dem Zurückweichen der Gletscher nach Norden und Osten fällt die Geburtsstunde der Nordsee zusammen. Die Wassermassen des Nordatlantiks drangen Jahrhundert um Jahrhundert von Norden und von Süden durch die Straße von Dover unaufhaltsam vor. Dann änderte sich das damals vorhandene Land-Süßwasser-Ökosystem in ein marines. Gleichzeitig wandelte sich der rauhe, arktische in einen milderen, gemäßigten Charakter.

Die Entstehung der heutigen Nordsee ist also an eine Klimaerwärmung und den damit verbundenen Meeresspiegelanstieg gekoppelt.

Das Licht: Energiequelle für das Ökosystem

Heute ist die Nordsee eines der fruchtbarsten Meeresgebiete unserer Erde. Das Sonnenlicht liefert die Energie, die alle Ökosysteme versorgt. Das Lichtklima der Nordsee ist typisch für gemäßigte Breiten. Der Sommer mit seinen langen Tagen und kurzen Nächten liefert dabei die reichste Energieausbeute, während der Wintertage ist

dagegen die Einstrahlung durch kurze Lichtphasen und flache Einfallswinkel nur klein. Trotz der geringen Tiefe der Nordsee durchdringt das Licht nur Teile der Wassersäule. Im klaren Wasser der nördlichen und zentralen Nordsee kann es bis 30 Meter Tiefe noch Algenwachstum hervorrufen. In der südlichen Nordsee ist das Wasser durch die höhere Partikelfracht trüber, und das Licht kann maximal nur zehn Meter eindringen. Pflanzen können dort zwar an der Wasseroberfläche und an besonders flachen Stellen auch direkt am Boden leben; im Winter und in größeren Tiefen reicht das Licht jedoch dafür nicht aus.
Die gesamte Nordsee ist darüber hinaus im Sommer thermisch geschichtet, d. h. über einer tiefen kalten und daher spezifisch schweren Wasserschicht liegt im Sommer ein leichter Warmwasserkörper. Im Winter und bei Stürmen im Sommer wird das Wasser durch das unruhige Wetter überall gut durchmischt. So können bodennahe, nährstoffreiche Wasserschichten an die Oberfläche gelangen, wo sie dem Plankton in der Vegetationsperiode zur Nährstoffversorgung zur Verfügung stehen.
Diese guten Wachstumsbedingungen werden durch den Eintrag von Nährstoffen über die großen mitteleuropäischen Ströme aus einem riesigen Einzugsgebiet noch verbessert.

Austausch von Wassermassen und Nährstoffen

Im Winter erreichen die Nährstoffe aus dem Atlantik die Nordsee. Durch die ausgeprägte küstenparallele Kreisströmung von Schottland über England, Belgien und die Niederlande nach Deutschland und Dänemark wird zusätzlich der größte Teil der Nährstoffe aus den mitteleuropäi-

schen Flüssen in einem schmalen und flachen Bereich in der Nähe der kontinentalen Küsten gehalten und dort von Süden nach Norden transportiert. Ein Teil gelangt ins Skagerrak und Kattegat, ein anderer verläßt entlang der norwegischen Küste die Nordsee in Richtung Nordmeer.
Im Sommer ist die Nordsee von Natur aus dagegen eher nährstoffarm. In den nördlichen und zentralen Teilen ist dann der Zustrom an Nährstoffen von außen gering, in ihren südlichen und östlichen Teilen aber hoch und stark vom Eintrag durch die Flüsse oder von Freisetzungsprozessen aus dem Meeresboden abhängig. Diese Nährstoffzufuhr wird während der Vegetationsperiode ständig durch das Phytoplankton verbraucht, so daß während des Frühsommers selbst in Küstennähe die Nährstoffgehalte äußerst gering werden und unter natürlichen Bedingungen wiederum das Wachstum des Phytoplanktons eingeschränkt wird. Ein solches Ökosystem muß daher auf jede Art von Zunahme an Nährstoffen heftigst reagieren.

Veränderungen im Nährstoffkreislauf

Die Nordsee ist besonders deshalb durch Überdüngung gefährdet, da die wichtigsten mitteleuropäischen Ströme aus einem weiten, heute dicht besiedelten Einzugsbereich mit intensiver landwirtschaftlicher und industrieller Nutzung ihre Nährstofffrachten in dieses flache Schelfmeer transportieren.
Im Mittelalter war die Auswirkung der menschlichen Aktivitäten auf den Nährstoffgehalt der Nordsee noch gering. Als dann jedoch wegen der wachsenden Bevölkerung größere Flächen land-

wirtschaftlich genutzt wurden, erhöhte sich der Nitrat- und Phosphateintrag.
Nach Meßwerten aus diesem Jahrhundert hat sich der Phosphatgehalt im Rhein allein in den Jahren von 1932 bis 1978 verzehnfacht. Langfristige Untersuchungen in der Deutschen Bucht haben ergeben, daß sich die Phosphatkonzentration bei Helgoland von 1962 bis 1985 um 67 Prozent erhöht hat. Welche Rolle dabei die Phosphatfreisetzung aus dem Boden spielt, ist noch nicht voll geklärt. Seit 1981 stagniert die Phosphatkonzentration.
Auch der Gehalt an Stickstoff hat seit Beginn des Jahrhunderts weiter zugenommen. Im Rhein erhöhte er sich zwischen 1932 und 1975 um das Siebenfache. Vor allem die Konzentrationen von Nitrat und Ammonium stiegen durch das Bevölkerungswachstum und den intensiven Düngerverbrauch in der Bundesrepublik Deutschland erheblich an.
Nach dem Ausbau der Kläranlagen ging der Gehalt an Ammonium in den Flüssen deutlich zurück, in gleichem Maße erhöhte sich jedoch der Gehalt an Nitrat. In ganz Westeuropa wurden 1987 ca. 25 Prozent mehr Dünger verbraucht als noch 1977. In der Deutschen Bucht war der Anstieg des Nitratgehalts zwischen 1932 und 1975 mit 22 Prozent besonders hoch. Im Gegensatz zum Phosphat setzte sich dieser Trend über das Jahr 1985 hinaus weiter fort.

Produktion und Verbrauch von Nährstoffen

Wie wirken sich nun diese über lange Zeit ansteigenden Nährstoffgehalte auf das Ökosystem der Nordsee aus? Auch hierüber liegen nur Angaben aus diesem Jahrhundert vor. Im Zeitraum von

1962 bis 1986 hat sich das Phytoplankton in der Deutschen Bucht nahezu verdoppelt. Diese Zunahme ist hauptsächlich durch Geißelalgen bedingt, besonders durch die Schaumalge Phaeocystis. Zusätzlich zu dem Wechsel in der Menge und der Zusammensetzung des Phytoplanktons zeigt sich eine zeitliche Ausdehnung der Planktonblüten bis in den Sommer hinein. Nach deren Absterben wird sehr viel gelöstes organisches Material ins Wasser entlassen, das durch Bakterien genutzt werden kann. Diese werden von Flagellaten (Geißeltierchen) gefressen und diese schließlich von Ciliaten (Wimpertierchen). Die große Menge des pflanzlichen Phytoplanktons, das mit Hilfe der Energie des Sonnenlichts seine Masse allein aus Kohlendioxid und gelösten Nährsalzen aufgebaut hat, wird von einer Massenentwicklung kleiner, tierischer Organismen abgelöst. Dabei remineralisieren sie teilweise die im Phytoplankton enthaltenen Nährsalze und benötigen dazu sehr viel Sauerstoff, was dann in strömungs- und austauscharmen Bereichen zu Sauerstoffmangel führen kann. Nach der Remineralisierung stehen dann wiederum Nährsalze und Kohlendioxid für neue Planktonblüten zur Verfügung.

Neben den mikroskopisch kleinen, einzelligen Arten besteht das tierische Plankton auch aus kleinen mehrzelligen Organismen wie den Ruderfußkrebsen und den larvenförmigen Jugendstadien vieler Bodentiere, die alle auf Phytoplankton als Nahrungsquelle angewiesen sind. Sobald die Temperaturen im Wasser steigen, meist nach der Frühjahrsblüte des Phytoplanktons, können sich diese vermehren.

Die Zunahme an Phytoplankton in der Nordsee müßte zu einem Anstieg der phytoplanktonfressenden Ruderfußkrebse, der Nährtiere vieler

Schaumberge am Strand sind die Folge des massenhaften Auftretens der Schaumalge (Phaeocystis) infolge der starken Düngung (Eutrophierung) der Nordsee.

Der Einsiedlerkrebs (Pagurus bernhardus) schützt seinen weichen Hinterleib, indem er ein Schneckenhaus bewohnt, das er ständig mit sich herumträgt. Hier ist das Gehäuse mit Stachelpolypen und Seepocken bewachsen.

Fische, führen, weil diese Krebstierchen nun ein größeres Nahrungsangebot zur Verfügung haben. Meist ist jedoch das Gegenteil der Fall, da häufig die nach der Frühjahrsblüte auftretenden Algen-Massenentwicklungen aus solchen Arten bestehen, die für dieses tierische Plankton nur einen geringen Nahrungswert haben. Das gilt z. B. für die mit bloßem Auge sichtbaren Gallertkolonien der Schaumalge Phaeocystis. Das massenhafte Auftreten dieser Alge scheint das tierische Plankton nicht gefördert zu haben. Man stellt aber in letzter Zeit eine starke Vermehrung von Quallen fest. Diese werden nicht von anderen Organismen gefressen, ihre übermäßige Entwicklung blockiert also die Weitergabe von Material und Energie im Nahrungsnetz und stellt somit eine ökologische Sackgasse dar.
Wenn aber Ruderfußkrebse und Larvenplankton zurückgehen, muß sich dies auch auf den Bestand an Fischen negativ auswirken, die das freie Wasser bewohnen und sich von tierischem Plankton ernähren. Ein Rückgang solcher Fischarten, wie z. B. des Herings, wird zwar beobachtet, ist jedoch nur schwer mit der Nährstoffsituation allein zu erklären, da die Nordsee in allen ihren Teilen intensiv befischt wird.

Die Bodenfauna der Nordsee: geographische Vielfalt

Da der Meeresboden in weiten Gebieten der Nordsee nur von wenig Licht erreicht wird, spielt er für die organische Primärproduktion nur eine untergeordnete Rolle. Vielmehr ist er Ort der Umwandlung von Material, das auf den Meeresboden sinkt oder sich an strömungsgeschützten Plätzen sammelt.

Die Gemeinschaften der Bodenfauna setzen sich aus weitverbreiteten nördlichen und südlichen Arten zusammen. Nördliche siedeln ungefähr bis zur Doggerbank, während die südlichen Arten den Flachwasserbereich bis in 100 Meter Tiefe besiedeln können. Eine wirkliche Tiefseefauna fehlt der Nordsee. Man findet sie höchstens am Schelfrand in über 200 Meter Tiefe, in der Norwegischen Rinne und im Skagerrak, beispielsweise Tiefwasserkorallen der Gattung Lophelia. Die Verbreitung der Arten wird stark durch den jeweiligen Untergrund und durch die jeweilige Wassertiefe bestimmt.

Die Nordsee ist in weiten Teilen durch sandige Böden gekennzeichnet. Deren Beweglichkeit erfordert von den hier lebenden Organismen besondere Anpassungsleistungen hinsichtlich der Besiedlungsweise und der Nahrungsaufnahme. In der nordwestlichen Nordsee, an der Ostküste Schottlands und im Bereich der Orkney-Inseln gibt es eine Bodentiergemeinschaft aus Arten, die dem übrigen Nordseegebiet weitgehend fehlen.

Die Organismen in diesem Gebiet besiedeln grobe Substrate wie Kies und Muschelschalen, die durch die starken Strömungen und Turbulenzen reingewaschen sind. Östlich schließt sich daran eine Fauna an, die in der Nordsee die Tiefen über 100 Meter bewohnt. Hier überwiegen nördliche Formen, im Durchschnitt 51 Arten mit einer Biomasse (einem organischen Trockengewicht) von nur 3,5 Gramm pro Quadratmeter. Südlich schließt sich daran eine Tiergemeinschaft an, die vor allem den Tiefenbereich zwischen 100 und 70 Metern besetzt. Die Biomasse ist etwa doppelt so hoch wie in der tiefer lebenden Fauna, der Artenbestand ist ähnlich hoch.

Die Tiergemeinschaften im flacheren Teil der

Nordsee stellen Varianten der Gemeinschaft des Herzseeigels Echinocardium cordatum und des Schlangensterns Amphiura filiformis dar. Sie kommen vor allem auf Feinsandgründen in 40 bis 70 Meter Tiefe in der zentralen Nordsee vor. Weiter südlich ist das Sediment reicher an organischer Substanz und nur zwischen 30 und 50 Meter tief. Hier lebt eine Herzigel-Gemeinschaft mit gleicher Artenzahl, aber höherer Biomasse (12,6 Gramm pro Quadratmeter).

In den küstennahen südlichen Teilen der Nordsee und auf der Doggerbank trifft man eine Tiergemeinschaft an, die sich je nach Sedimenttyp aus unterschiedlichen Leitformen zusammensetzt. Die Venusmuschel Chamelea gallina striatula besiedelt den sauberen Sandgrund zwischen 30 und 10 Metern. Schlickige Sände im gleichen Tiefenbereich werden dagegen von der kleinen Pfeffermuschel Abra alba bewohnt. Die flacheren Küstenbereiche sowie das Wattenmeer beherbergen dagegen die Baltische Plattmuschel Macoma balthica. Diese Gemeinschaft kommt in unterschiedlicher Ausprägung vor und besiedelt reine Sandbänke bis hin zu Schlickgebieten und Seegraswiesen.

Veränderungen im Boden-Ökosystem der Nordsee

Vergleicht man die zu Beginn des Jahrhunderts gewonnenen Daten mit den seit den 70er Jahren durchgeführten Langzeitbeobachtungsreihen, so ergibt sich ein Anstieg der Häufigkeit und der Biomasse der Bodenfauna in den schlickigen Sänden in jedem Teil der Nordsee.

Im westlichen Wattenmeer hat sich die Biomasse der Bodenfauna in den letzten 20 Jahren sogar verdoppelt bis verdreifacht. Die Hälfte aller beob-

Der Gemeine Seestern (Asterias rubens) bevorzugt Miesmuscheln als Nahrung. Man findet ihn daher in Massen auf Muschelbänken unterhalb der Niedrigwasserlinie.

Die auf Muscheln oder Steinen festsitzende Seenelke (Metridium senile), ein Nesseltier, erbeutet mit den vielen feinen Tentakeln Plankton aus dem Wasser.

achteten Arten ist an diesem Zuwachs beteiligt. Es konnten auch Unterschiede in der Artenzusammensetzung festgestellt werden. So nahm fast überall der Anteil vielborstiger Ringelwürmer zu, auf Kosten der Muscheln, Schnecken und Krebse. Man kann die Zunahme der Bodenfauna vor allem durch ein vergrößertes Nahrungsangebot erklären. Doch eine Anreicherung der Meeresböden mit organischem Material kann nur bis zu einem gewissen Grad die Entwicklung der Bodenfauna fördern. Wenn die Sedimente mit organischem Material zu stark angereichert werden, tritt Sauerstoffmangel auf, der den Tod vieler Bodenorganismen zur Folge haben kann. Im Spätsommer der Jahre 1981 bis 1983, 1986 und 1989 wurde ein solcher Sauerstoffmangel im Bodenwasser der Deutschen Bucht und an den dänischen Küsten beobachtet. Die Bodenfauna starb großflächig ab. Im darauffolgenden Jahr fand eine Rekolonisierung mit einer Pionierart, dem Vielborstler Spiophanes bombyx, statt. Dieser Wurm gilt heute als die häufigste Tierart der Nordsee. Wichtig ist, daß die Bodentiergemeinschaften der Nordsee eine sehr starke natürliche Fluktuation aufweisen. Dies muß in Betracht gezogen werden, wenn man die durch den Menschen verursachten Änderungen kritisch bewerten will. Neben der Überdüngung der Küstengebiete, verbunden mit lokalem Sauerstoffmangel, ist die Verschmutzung der Sedimente mit Schadstoffen aus Industrie, Landwirtschaft und Schiffahrt zu nennen. Auch die intensive Fischerei hat zu Änderungen sowohl der Artenzusammensetzung des Fischbestandes als auch der empfindlichen Bodenfauna geführt, denn in großen Bereichen der Nordsee wird der Boden ein- bis dreimal pro Jahr mit dem Grundschleppnetz bearbeitet.

Ein Problem bei der Vorhersage eines Trends, wohin sich das Ökosystem Nordsee entwickelt, ist in der großen natürlichen Veränderlichkeit dieses Ökosystems zu sehen. Ständiger Wandel wird auch in Zukunft ein Hauptcharakteristikum dieses Lebensraumes bleiben.

Ökosystem Wattenmeer

Hans Theede

Im Wattenmeer zerfließen die Grenzen zwischen Meer und Land. In diesen Übergangsbereich, der in faszinierender Weise von den Gezeiten geprägt wird, dringen Pflanzen und Tiere von beiden Seiten ein. Nur durch spezielle Anpassungen sind sie hier auf Dauer konkurrenzfähig geworden und bilden ein einzigartiges Geflecht von Lebensbeziehungen, in denen viele von ihnen hochproduktiv sind. Die Leistungsfähigkeit des Ökosystems Wattenmeer hat Bedeutung über seine engeren Grenzen hinaus. Durch viele Austauschvorgänge und Wechselbeziehungen bestehen enge ökologische Verbindungen zu den benachbarten Gebieten; über Durchzügler und Gäste reichen sie sogar in weite Ferne.

Salzmarschen: Pufferzonen zwischen Watt und Festland

Das Wattenmeer läßt sich in unterschiedliche Bereiche gliedern. In den oberen Saum sind vom Land her Blütenpflanzen eingewandert, darauf spezialisiert, kurzfristige Überflutungen und hohe Salzbelastung des Bodenwassers zu ertragen. Solche Salzpflanzen oder Halophyten sind an diesem Standort anderen Landpflanzen überlegen und können eine geschossene Pflanzendecke, sog. Salzmarschen (auch Salzwiesen, Groden oder Heller) ausbilden. Zu ihren Schutzmechanismen gehört ein sparsamer Wasserhaushalt, der dafür sorgt, daß nicht zuviel Salzwasser aufgenommen werden muß. Beim Schlickgras trägt dazu ein wassersparender Photosynthese-Stoffwechsel bei. Ansonsten wird versucht, trotz Wind und Sonne nicht zuviel Wasser durch Verdunstung zu verlieren. Um das zu erreichen, versieht sich der Strandwermut mit einem Haarfilz, das Milchkraut und die Salzsode

Stimmungsvolle Salzwiesenlandschaft vor Nordstrandischmoor mit blühendem Halligflieder (auch Strandflieder, Limonium vulgare) und im Vordergrund Strandwermut (auch Strandbeifuß, Artemisia maritima)

Das am Boden liegende, salzliebende Strand-Milchkraut (Glaux maritima) hat kleine dickfleischige Blättchen und entfaltet von Juni bis August Blüten in hellem Rot.

verkleinern ihre Blätter, beim Queller sind sie sogar zu kleinen Schuppen verkümmert.
Bei der Wasseraufnahme erreicht das Schlickgras zudem durch eine besondere Gewebeschicht in den Wurzeln, daß nicht alle Salze ungehindert in das Innere eindringen, in welchem die Konzentration der Zellsäfte eher durch gelöste organische Substanzen statt durch Salze hoch gehalten wird. Zuviel eingedrungenes Salz wird wieder entfernt. Schlickgras, Grasnelke und Strandflieder können es durch zahlreiche Drüsen auf den Blättern ausscheiden. Die Keilmelde wirft dagegen mit Salzen gefüllte Haarbläschen ab. Strandaster und Strandwegerich trennen sich von ihren alten, mit Salz beladenen Blättern und lassen neue wachsen. Der Queller schafft es einen Sommer lang, Salz durch erhöhten Wassergehalt in seinem inneren, aufgequollenen (sukkulenten) Gewebe zu verdünnen. Im Herbst stirbt er als einjährige, salzbeladene Pflanze ab.
Als Pionierpflanze dringt der Aufrechte Queller weit seewärts in die noch regelmäßig vom mittleren Hochwasser erreichte *Verlandungszone* vor und bildet zwischen Watt und Salzwiese das sog. Quellerwatt, das von etwa zehn Zentimeter über der mittleren Hochwasserlinie bis ca. 40 Zentimeter darunter reicht. Die Pflanzen wirken als Schlickfänger und verfestigen mit ihren Wurzeln gleichzeitig die angeschwemmten Teilchen. Nach und nach wird der Wattboden auf diese Weise erhöht, so daß er immer seltener von der Flut erreicht wird, woraufhin sich der Pflanzenbewuchs allmählich ändert. Eine nicht ganz so robuste Queller-Art, der Ästige Queller, tritt an geschützten Stellen in der unteren Salzwiese auf. Auch die Grüppen (Gräben), die man in den Buschlahnungen (Uferschutzanlagen) an der See-

Verlandungszone mit ausgedehntem Quellerwatt bei Hilgenriedersiel (Ostfriesland)

Das seinerzeit angepflanzte kräftige Schlickgras (Spartina anglica) kommt inzwischen an der ganzen Wattenmeerküste vor. Es ist schon aus der Ferne an den charakteristischen Horsten zu erkennen.

seite der Salzwiesen und oft auch in den Wiesen selbst aushebt, werden an den tieferen Stellen vom Queller und von der Salzsode besiedelt.
In der Verlandungszone finden sich auffallende Horste und kleinere zusammenhängende Flächen des hohen, kräftigen Schlickgrases Spartina anglica, das in den 20er Jahren aus Südengland eingeführt und mit der Hoffnung angepflanzt wurde, daß es zur Landgewinnung beitragen möge. Inzwischen hat es sich an der ganzen Wattenmeerküste ausgebreitet. Stellenweise verdrängt es sogar den Queller, denn es hat ihm gegenüber den zusätzlichen Vorteil, daß es mehrjährig ist. Ein lockeres Durchlüftungsgewebe in den Wurzeln ermöglicht ähnlich wie beim Queller das Leben im Schlick, der schon wenige Millimeter unter der Oberfläche sauerstofffrei wird. Zur Landgewinnung trägt das Schlickgras nicht in dem ursprünglich erhofften Maße bei, da sich nur selten geschlossene Rasenflächen entwickeln. Es bilden sich vielmehr Horste, zwischen denen es zu Ausspülungen (Auskolkungen) kommt.
In der zum Land hin anschließenden *unteren Salzwiese*, die noch häufig im Jahr, besonders im Winter, überflutet wird, bildet das Andelgras bei Beweidung mit Schafen einen kurzen, zusammenhängenden Rasen, der durch die Vernetzung der ausladenden Wurzelausläufer gefestigt wird und zur Sedimentablagerung beiträgt. Strandwegerich kann zu einem gewissen Grad Vertritt und Verbiß ertragen. Die anderen Salzpflanzen werden kurz gehalten. Ohne Wegfraß durch Schafe entwickeln sich dagegen Keilmelde, Stranddreizack, Strandaster und auf dem höheren Andelrasen auch der Strand- oder Halligflieder zu blühenden Beständen.
Die *obere Salzwiese* wird nur noch bei Spring-

tidenhochwasser und bei Sturmfluten überspült. Sie beginnt etwa bei 35 Zentimeter oberhalb der mittleren Hochwasserlinie und wird bei Beweidung besonders vom Rotschwingel-Gras geprägt. Auch Strandnelke und Bottenbinse können sich halten, während ohne Verbiß Strandaster, Strandflieder, Strandbeifuß bzw. Strandwermut hoch aufwachsen und sich zur Blüte entfalten.
In den Salzwiesen des Wattenmeeres leben zahlreiche *Kleintierarten,* die sich an die dortigen Gegebenheiten angepaßt haben. Manche kommen sogar nur dort vor. Ungefähr 400 von ihnen erreichen nicht einmal einen Millimeter Länge. Sie leben vorwiegend im Boden zwischen den Sandkörnern und organischen Teilchen. Unter den etwa 1600 Arten der Makrofauna haben sich vor allem Insekten und Spinnen auf die extremen Lebensbedingungen spezialisiert. Besonders weit zum Meer wagt sich der Salzkäfer Bledius vor. Dieser Kurzflügelkäfer legt in der Verlandungszone fünf bis zehn Zentimeter tiefe Wohnröhren im Wattboden an, in die er sich bei auflaufendem Wasser zurückzieht; er verschließt sie mit einem Sandpfropfen, damit kein Salzwasser eindringt. Für die Brut werden im späten Frühjahr Nebenkammern angelegt. In der warmen Jahreszeit erkennt man die Standorte der Wohnröhren an münzgroßen Sandhäufchen, die man in der Quellerregion unterhalb der Abbruchkante des Andelrasens finden kann. Oben in der Salzwiese kommen als Gegenstück Ameisenhaufen der Gelben Wiesenameise vor, die dort unterirdisch in den lufterfüllten Gängen lebt, in die auch bei Überflutung kein Wasser eindringt.
Viele Tiere der Salzwiesen sind an das Vorkommen bestimmter Pflanzen gebunden, da sie sich von ihnen oder ihren Bewohnern ernähren oder in

bestimmten Wirtspflanzen und Wirtstieren Unterschlupf finden. Allein unter den Pflanzenverzehrern finden sich zahlreiche Schmetterlinge, Blattläuse, Zikaden, Wanzen, Blattflöhe, Käfer, Fliegen und Mücken. Andere suchen ihre Nahrung in den organischen Abfällen am Boden, wie Fliegen- und Mückenlarven, Milben und Springschwänze. Räuberische Formen unter Käfern, Spinnen, Fliegen und anderen gehen hier auf Beutefang.
Außerdem rasten und brüten in den Vorländern und Salzwiesen viele *Vogelarten,* die den Nahrungsreichtum des Watts nutzen. Große Brutkolonien bilden Lachmöwen, Säbelschnäbler, Fluß- und Küstenseeschwalbe. Außerdem nutzen Rotschenkel, weitere Watvögel, einige Entenvögel und sogar mehrere Singvögel die Salzwiese als Brutplatz. Riesigen Schwärmen von Ringel- und Weißwangengänsen sowie vielen Watvögeln dient die Salzwiese als wichtiges Rastgebiet.
Insgesamt gehören die Bereiche der Salzwiesen zu den besonders gefährdeten und empfindlichen Lebensräumen an der Küste, und sie wurden deshalb im Rahmen der Nationalparke unter Schutz gestellt. Dieser ist außerdem wichtig, weil seit einigen Jahrhunderten die ursprünglich vorhandenen weiten Salzwiesenflächen bis auf einen heute übriggebliebenen schmalen, lückenhaften Saum eingedeicht worden sind. Früher wurde die Bedeutung des höheren Vorlandes und der Salzwiesen vor allem in der Deichsicherung gesehen: Sie sollten bei Sturmfluten die auflaufenden Wellen abbremsen. Die Beweidung sorgte für die Entwicklung einer festen Grasdecke.
Heute werden große Bereiche der Salzwiesen nach und nach aus der andauernden Beweidung herausgenommen, da man erkannt hat, daß ein höherer Salzwiesenbewuchs den mit der Flut herange-

Die Salzwiese dient vielen Wat- und Küstenvögeln als Rast- und Brutplatz. Auch der hochbeinige Rotschenkel ist hier häufig als Brutvogel anzutreffen.

Trupps von Ringelgänsen weiden zwar sehr gern auf Seegraswiesen und Andelrasen, weichen aber auch auf das Schlickwatt vor dem Deich aus.

führten fruchtbaren Schlick besser zum Absetzen bringt und zu einem schnelleren Aufwachsen beiträgt. Das höhere Vorland direkt vor den Deichen wird weiterhin intensiv beweidet, damit sich eine schützende dichte Grasnarbe bildet.

Verstecktes Leben im Watt

Wenn sich bei Ebbe das Wasser aus dem Watt über die Priele zurückzieht, wird der Blick auf einen Teil des Meeresbodens freigegeben. Im ersten Augenblick mag es dort recht leblos wirken, doch wenn an manchen Stellen nach und nach die großen Scharen verschiedener Küstenvögel mit der intensiven Nahrungssuche beginnen, ist das ein deutlicher Hinweise darauf, daß dort etwas zu finden sein muß. Bei genauem Hinsehen erkennt man dann viele Spuren, die auf versteckt lebende Organismen hinweisen. Im Schutz ihrer Gänge, Bauten und Höhlen im Wattboden sind sie in geringerem Maße den extremen Lebensbedingungen ausgesetzt, die sonst mit dem Wechsel von Wasserbedeckung und Trockenfallen verbunden sind. Eingegraben entgehen sie leichter den Frosteinwirkungen des Winters, den starken Temperaturerhöhungen im Sommer, den Aussüßungen des Wassers bei starken Regenfällen, den Erhöhungen der Salzkonzentration oder gar der Gefahr der Austrocknung durch Verdunstung. Gleichzeitig finden sie im Boden Schutz vor Verdriftung. Dafür nehmen sie ungünstigere Atmungsbedingungen in Kauf und müssen zum sauerstoffreichen Wasser darüber Verbindungswege offenhalten. Bei längerem Trockenfallen sind viele Wattbewohner in der Lage, auf sauerstoffunabhängige Atmung (Anaerobiose) umzuschalten. Tiere, die sich sogar in den unwirtlichen schwefelwasser-

Oben: Der derbe Blasentang (Fucus vesiculosus) findet im Wattenmeer Halt auf Steinen, Uferschutzbauten und Muschelbänken. Während des Trockenfallens suchen in den Büscheln viele Kleintiere Schutz vor Austrocknung. Bei Wasserbedeckung geben die luftgefüllten Blasen den einzelnen Ästen des Tangs Auftrieb.

Rechts: Seepocken (Semibalanus balanoides) und Strandschnecken (Littorina littorea) auf Steinen und anderen Gegenständen im Watt ertragen in ihren festen Gehäusen extrem große Schwankungen der Lebensbedingungen, die mit dem Wechsel von Wasserbedeckung und Trockenfallen verbunden sind.

stoffhaltigen Bereichen des Bodens ansiedeln können wie z. B. der Wattwurm, der Kotpillenwurm oder die Pfeffermuschel, haben zudem besondere Fähigkeiten entwickelt, eindringenden giftigen Schwefelwasserstoff unschädlich zu machen, indem sie ihn vor allem im Blut und in speziellen Zellstrukturen, den Mitochondrien, unter Verwendung von Sauerstoff zu ungiftigem Thiosulfat oxidieren.
Ständig können auf dem Wattboden nur solche Formen gedeihen, die das volle Ausmaß der erwähnten Faktorenschwankungen ertragen können. Dies sind die ganzjährig in Ufernähe auf Steinen, Holz und anderen festen Gegenständen siedelnden Pflanzen und Tiere wie Blasentang, Seepocken und Strandschnecken. Organismen, die wechselhafte extreme Bedingungen des Watts gut ertragen können, bringen es dort zu beachtlichen Populationsstärken.

Grundlagen der hohen Produktivität

Voraussetzung jedoch für die reiche Entfaltung des tierischen Lebens im Watt ist eine hohe pflanzliche Primärproduktion durch Photosynthese. Diese wird in den trockenfallenden Gebieten vor allem von den Massenansammlungen mikroskopisch kleiner Kieselalgen (Diatomeen) an der Sedimentoberfläche getragen, die mit über 600 Arten und Zellzahlen bis über eine Million pro Quadratzentimeter den Boden oft braun erscheinen lassen. An warmen Sonnentagen weisen dann viele kleine Sauerstoffbläschen in der Oberflächenschicht des Bodens auf die hohe Photosynthese-Rate hin. Bei zunehmender Wassertiefe nimmt die Bedeutung des pflanzlichen Planktons für die Gesamtproduktion zu und kann bei weni-

gen Metern Tiefe die der Boden-Diatomeen schon deutlich übertreffen.
Die Produktion ist deshalb so hoch, weil das Licht bei Ebbe und geringer Wassertiefe die pflanzlichen Zellen gut erreicht. Zusätzlich stehen genügend Pflanzennährstoffe zur Verfügung. Dies ist die Folge davon, daß sich im Watt viele organische Sinkstoffe absetzen, die durch Mikroorganismen zersetzt (remineralisiert) werden und dabei Nährsalze bilden. Hinzu kommen hohe Einträge aus den großen Flüssen, die zu einer übermäßigen Düngung (Eutrophierung) besonders des Küstenbereichs führen. Eine Auswirkung des Nährsalzreichtums sind auch die alljährlich gehäuft an den Brandungsstränden zu beobachtenden Schaumberge, die nach einer Massenentwicklung (Blüte) der Planktonalge Phaeocystis entstehen, wenn der Schleim der absterbenden Zellkolonien durch die Wellen zu Schaum aufgeschlagen wird. Außerdem wird zerriebenes pflanzliches und tierisches Material, sog. Detritus, in das Watt eingetragen, der für zahlreiche Tierarten einen wichtigen Beitrag zur Ernährung liefert. Der Detrituseintrag entspricht ungefähr der Höhe der pflanzlichen Eigenproduktion des Watts. Die Gesamtproduktion an pflanzlicher organischer Substanz im Jahr liegt in der Größenordnung zwischen 300 und 400 Gramm Kohlenstoff pro Quadratmeter. Sie ist nahezu doppelt so hoch wie in der offenen Nordsee, schwankt aber regional erheblich. Die Höhe ist vergleichbar mit der Produktion von einheimischen Wäldern oder von landwirtschaftlich genutztem Kulturland. Nur Korallenriffe und der tropische Regenwald haben deutlich darüber hinausgehende Produktionsraten.

Großalgen und Seegräser

Nur wenige Großalgen treten im Wattenmeer auf. Sie sind auf harte Unterlagen wie Steine, Muschelschalen und Schneckengehäuse angewiesen, auf denen sie sich mit ihrem Haftorgan (Rhizoid) festheften können, denn ihnen fehlen die Wurzeln, mit denen sich höhere Pflanzen im Boden verankern. Der robuste Blasentang findet auf Steinbefestigungen und Holzpfählen von Lahnungen in der Gezeitenregion den nötigen Halt. Unter den Grünalgen beobachtet man ab und zu Büschel des blattartig wirkenden Meersalats oder des röhrenförmigen Darmtangs am Boden. Seit etwa 20 Jahren kann man jedoch eine zunehmende Häufigkeit dichter, mehrere Zentimeter dicker Grünalgenmatten feststellen. Wie kommen diese zustande? Interessanterweise dienen häufig Wattschnecken als Keim-Substrat für die genannten Algen. Beispielsweise keimen die Sporen des Flachen Darmtangs gern auf den Gehäusen der Schnecken aus. Werden sie mit den kleinen angehefteten Algenkeimlingen verdriftet, können viele davon unfreiwillig in den Freßtrichtern der Wattwürmer enden und wachsen bei dem vorhandenen Nährsalzreichtum allmählich zu dichten Lagen heran. Schließen sie den Boden von weiterer Sauerstoffzufuhr ab, bilden sich dann unter den Matten ausgedehnte schwarze Flecken, in denen tierisches Leben verschwindet. Sie werden sichtbar, wenn beispielsweise Herbststürme die Matten auflösen. Wegen des hohen Gehaltes an giftigem Schwefelwasserstoff werden solche Bereiche nur zögerlich wieder besiedelt.

Darmtang und Meersalat können auch an Herzmuscheln im Wattboden verankert sein. Manchmal ist noch eine Seepocke „dazwischengeschal-

Auf den oberen Wattflächen und im Flutsaum werden oft durch Strömung fortgerissene Exemplare des wellig blattartigen Meersalats (Ulva lactuca) zusammengespült.

Der röhrenförmige Flache Darmtang (Enteromorpha compressa) gehört zu den häufigsten Grünalgen im Watt. Er kann schon auf kleinsten Hartteilen, beispielsweise Wattschnecken-Gehäusen, auskeimen und heranwachsen, findet sich jedoch ebenso auf größerem Treibgut sowie auf Holz und Steinen.

tet“. Auch in diesem Fall wachsen schon die Keimlinge der Algen auf den Tieren aus. Wenn man ein Algenbüschel vorsichtig aufhebt, kann man oft beobachten, daß noch eine Muschel daran hängt.
Unter den Blütenpflanzen dringt das Seegras am weitesten ins Meer vor. An strömungsberuhigten Stellen in der Gezeitenregion findet man vor allem das Zwergseegras Zostera noltii, das sich durch unterirdische Ausläufer (Rhizome) vermehren und dadurch den Boden festigen kann. Im ständig überfluteten Bereich des Wattenmeeres bis zu mehreren Metern Wassertiefe bildete früher das Große Seegras Zostera marina ausgedehnte Wiesen, bis diese in den 30er Jahren durch eingeschleppten Pilzbefall (Labyrinthula) weitgehend vernichtet wurden. Zwischenzeitlich trat eine teilweise Erholung ein. Sie wurde dadurch erschwert, daß sich die Bodenverhältnisse im Bereich der alten Standorte durch Erosion verändert hatten. Seit den 60er Jahren ist erneut ein starker Rückgang der Seegrasbestände besonders im südlichen Teil des Wattenmeeres eingetreten. Als Ursachen hierfür dürften vor allem Lichtmangel durch vermehrte Wassertrübung und kleine Aufwuchsalgen als Folge der reichlichen Versorgung mit Nährsalzen (Eutrophierung) in Frage kommen.
Die Produktivität der früheren Seegraswiesen war Schätzungen zufolge drei- bis viermal so hoch wie die der Kieselalgen im Wattenmeer. Sie boten nicht nur vielen Kleintieren und Fischen Unterschlupf und den Ringel- und Weißwangengänsen reichlich Nahrung; sie waren auch eine Quelle für viel organisches Material, das in der Brandung zu Detritus zerrieben wurde und sich im oberen Wattbereich absetzen konnte.

Das Seegras (Zostera marina) ist die am weitesten ins Meer vordringende Blütenpflanze. Hier haben sich die langen Blätter der Pflanze bei Niedrigwasser auf den Wattboden gelegt und zeigen in Richtung des ablaufenden Wassers.

Nahe der Hochwasserlinie finden sich zuweilen Wälle von zusammengespülten Wattschnecken (Hydrobia ulvae). Wegen ihrer ungeheuren Siedlungsdichte sind diese kleinen Tiere eine wichtige Nahrungsquelle für viele Krebse, Fische und Vögel.

Vom Schlickwatt zu den Prielen

Wo die Wasserströmungen gering sind – meist in der Nähe der Verlandungszone vor den Salzwiesen, Landgewinnungsfeldern und anderen Stillwassergebieten –, können sich viele feine organische Partikel absetzen. Es bildet sich das *Schlickwatt.* Dort steht an der Wattoberfläche so viel Nahrung zur Verfügung, daß viele Kleintiere des Bodens sich darauf spezialisiert haben, sie direkt abzuweiden. Die etwa einen halben Zentimeter langen Schlickkrebse brauchen hierfür nur wenig aus ihren Wohngängen herauszukommen, um mit ihren langen Fühlern (den zweiten Antennen) Kleinstlebewesen und Detritus neben der Gangöffnung zusammenzukratzen, wobei sie charakteristische sternförmige Fraßspuren hinterlassen. Ihnen sagt man nach, daß sie das eigenartige Wattenknistern mit verursachen, das der Wattwanderer bei Niedrigwasser und ruhigem Wetter vernehmen kann. Jedes Platzen eines Wasserhäutchens beim Spreizen der Fühler führt zu einem Klicklaut, die Vervielfachung dieser Laute bei bis zu 40 000 Individuen pro Quadratmeter zu dem bekannten knisternden Geräusch. Herzmuscheln, die häufig im Mischwatt auftreten, geben ebenfalls einen Laut von sich, wenn sie eine zuvor in die Mantelhöhle aufgenommene Luftblase wieder verlieren.

Auch die unzähligen kleinen Wattschnecken weiden vor allem Kieselalgen, Detritus und sogar ihre eigenen von Mikroorganismen bewachsenen Kotpillen von der Wattoberfläche ab, solange diese von Wasser bedeckt ist. Fällt sie trocken, graben sie sich ein. Schnecken und Schlickkrebse sind eine reiche Beute für viele Krebse, Fische und Vögel. Durch intensive Vermehrung und kräftiges

Wachstum sorgen sie für ein ständiges Nachwachsen an Biomasse.
Ebenso nutzt die tiefer im weichen Wattsediment lebende Pfeffermuschel den Nahrungsreichtum an der Oberfläche. Über den lang ausstreckbaren Einstromsipho, den sie wie einen Staubsauger über den Wattboden gleiten läßt, saugt sie abgelagerte sowie aufgewirbelte Sinkstoffe mit dem Atemwasserstrom ein und hält sie mit Hilfe besonderer Flimmerhärchen auf den großen Kiemen zurück. Nicht aufgenommene und unverdauliche Reste werden über den kürzen Ausstromsipho wieder nach oben geschafft.
Entsprechend geht auch die häufig auftretende Baltische Plattmuschel bei der Nahrungsbeschaffung vor. Da sich junge Plattmuscheln jedoch nicht sehr tief eingraben, werden sie leicht von Watvögeln wie Alpenstrandläufern und Knutts erbeutet.
Im Gegensatz zu diesen Tieren findet der dünnfädige Kotpillenwurm seine Nahrung konkurrenzlos in der schwarzen, schwefelwasserstoffhaltigen Zone des Bodens, in die er sich kopfabwärts in seinem nach unten gerichteten Wohngang vorwagt. Dort frißt er den an organischer Substanz und Mikroorganismen reichen Schlick. An der Bodenoberfläche gibt er sich nur durch kleine schwarze Kothäufchen zu erkennen, die anzeigen, daß Besiedlungsdichten bis zu 10 000 Würmer pro Quadratmeter vorkommen können.
Auf das Schlickwatt, das im allgemeinen nur kleine Flächen bedeckt, folgen in relativ strömungsgeschützten Lagen, zum Beispiel im Brandungsschutz der Inseln oder in Festlandnähe, die weiten Ebenen des begehbaren *Mischwatts.* Hier finden sich oft die Wattwasserscheiden zwischen verschiedenen Prielen. Der Gehalt des Bodens an

organischer Substanz liegt nur noch bei vier Prozent, der Wassergehalt unter 50 Prozent.
An zahlreichen Standorten ragen die teilweise freigespülten, einige Millimeter dicken und bis zu neun Zentimeter langen, bräunlich gefärbten Sandröhren des Pygospiowurms aus dem Boden heraus. Der Wurm selbst wird nur bis 2,5 Zentimeter lang und kann in seiner langen Röhre auf und ab kriechen. Er ernährt sich, indem er mit seinen beiden mit Schleim benetzten Tentakeln das Watt nach Nahrung abtastet.
Im Gegensatz dazu zählt der Wattwurm zu den Sedimentfressern. Er bevorzugt im Misch- und unstabilen Sandwatt solche Standorte, an denen auch bei Niedrigwasser ein wenig Wasser über dem Boden stehenbleibt. Im unteren Teil seines U-förmigen Wohnbaus frißt er den aus dem vorderen Trichter nachsickernden Sand, der auf verschiedene Weise mit Diatomeen, anderen Kleinstorganismen und organischen Sinkstoffen angereichert wird. Am hinteren Ende der Röhre scheidet er die unverdaulichen Reste als Kotstränge ab, die diesem Teil des Watts das charaktische Gepräge geben. Durch die Grab- und Freßtätigkeit trägt der Wattwurm wesentlich zur Umlagerung und Belüftung des Wattbodens bei. Mit einer Siedlungsdichte von 20 bis 50 Individuen pro Quadratmeter ist er eine wichtige Beute von Krebsen, Fischen und Vögeln.
Der ähnlich häufig anzutreffende Schillernde Seeringelwurm ist ein Allesfresser, der als Weidegänger unterschiedliches Futter bevorzugt und sogar räuberisch aktiv sein kann. Ein weiterer Räuber ist der Opalwurm, der häufig nach dem Kotpillenwurm jagt.
Die massenhaft auftretenden Herzmuscheln und Sandklaffmuscheln sind typische Filtrierer, die mit

Bäumchenröhrenwurm (Lanice conchilega), der aus seiner etwa 30 Zentimeter langen Wohnröhre herausgenommen ist. Mit den langen, klebrigen Tentakeln fängt er vorbeiströmende und abgesetzte Nahrungsteilchen und Kleinstorganismen.

Der Schillernde Seeringelwurm (Nereis diverscolor) lebt in einem verzweigten Gangsystem mit mehreren Ausgängen. Er fängt in deren Umgebung an der Wattoberfläche Algen und Tiere. Außerdem kann er das mit dem Atemwasserstrom in die Wohnröhre hineingelangte Plankton zurückhalten.

dem Atemwasserstrom in die Mantelhöhle hineingesaugte kleinste Planktonorganismen und Sinkstoffe mit Hilfe der großen Kiemen heraussieben. Zusammen mit den Wattwürmern, den Baltischen Plattmuscheln und den Seeringelwürmern stellen sie die größte Biomasse im Mischwatt.
Dort wo die Wasserströmungen stärker werden, können sich nur noch größere Partikel halten (um 0,1 Millimeter). Hier bildet sich festes, gut begehbares *Sandwatt,* das vergleichsweise wenig Porenwasser und organische Substanz (um ein Prozent) enthält.
Eigenartige, nur wenige Zentimeter aus dem Watt herausragende Röhren mit einer kleinen, aus Sandkörnern gefertigten Baumkrone darauf, gehören dem Bäumchenröhrenwurm, der stellenweise in dichten Siedlungen auftritt. Die aus Sand und Schalenresten verkittete Wurmröhre kann einen Durchmesser von einem halben Zentimeter aufweisen und bis zu 30 Zentimeter tief im Boden stecken. Die Krone gibt den lang dehnbaren Tentakeln Halt, mit denen der Wurm im Wasser schwebende und durch die Strömung herangetragene Nahrung herausfängt.
Die Besiedlung der *Priele* und *Wattströme* hat im Laufe des 20. Jahrhunderts etwas von ihrer Vielfalt verloren. Ursprünglich lieferten ausgedehnte Seegraswiesen des Großen Seegrases, Austernbänke mit der Europäischen Auster und Sandkorallenriffe als Ergebnis der Tätigkeit kleiner Meereswürmer an zahlreichen Standorten Lebensräume für eine größere Anzahl verschiedener Organismen. Eine besondere Bedeutung haben die ständig von Wasser bedeckten Küstenzonen aber weiterhin als „Niedrigwasser-Rückzugsgebiete“ für viele bewegliche Tierarten, die während der Flut zur Nahrungssuche auch in die flacheren

Bei der Entstehung einer Muschelbank am Rande eines Priels heften sich die Miesmuscheln (Mytilus edulis) mit Klebfäden zu Girlanden aneinander.

Wattgebiete vordringen. Mengen an Garnelen (Nordseekrabben) und Plattfischen wie Schollen und Flundern sowie viele andere Fischarten wie Aalmutter, Seeskorpion, Hornhecht und Grundeln finden hier Unterschlupf.

Hochproduktive Muschelbänke

Im Bereich der Niedrigwasserlinie bilden sich zuweilen ausgedehnte Muschelbänke, auf denen sich dicht gedrängt in mehreren Lagen Tausende von Miesmuscheln mit Klebfäden aus einer besonderen Drüse im Fuß (Byssusdrüse) fest aneinanderschnüren, so daß sie auch bei stärkerer Strömung nicht verdriftet werden. Eine solche Bank kann pro Flächeneinheit bis zu 30mal mehr lebende Substanz enthalten als das Sandwatt. Sie bietet Lebensraum für zahlreiche festsitzende und bewegliche Formen wie Seepocken, Seeanemonen, Polypenstöckchen, Flohkrebse, Strandschnecken und Strandkrabben. Neuerdings haben sich auf den Muschelbänken im Sylter Raum auch wildlebende Pazifische Austern (Crassostrea gigas) angesiedelt, deren Larven offensichtlich von den seit 1985 bestehenden Kulturen vor List in das freie Wasser gelangt sind. Man kennt außer diesen etwa 30 weitere am Boden lebende exotische Arten im Wattenmeer, die eingeschleppt wurden und hier heimisch geworden sind.
Miesmuscheln sind darauf angewiesen, daß mit der Flut immer wieder neues pflanzliches Plankton und Schwebstoffe für ihre Ernährung herangeführt werden. Um dieses Material aus dem Wasser herauszufiltern, pumpen sie mit Hilfe von Flimmerhärchen einen kräftigen Atemwasserstrom durch ihre großen Kiemen hindurch, auf denen sie die Teilchen zurückhalten. Eine 4,5

Zentimeter lange Muschel filtriert auf diese Weise etwa ein bis zwei Liter Wasser pro Stunde. Man hat errechnet, daß die Miesmuscheln an der niederländischen Küste bei guten Bedingungen im Sommer in etwa zwei Wochen die gesamte Wassermenge des Wattenmeeres zwischen dem Festland und den Inseln einmal filtrieren.
Die aufgenommenen riesigen Mengen an organischem Material werden für das eigene Wachstum und für die Aufrechterhaltung des Stoffwechsels verwendet. Dabei entstehen als Endprodukte vor allem Ammonium sowie Nitrat, Silikat und Phosphat, die wieder an das Wasser abgegeben werden. Auch die ungenießbaren Anteile werden ausgeschieden und in der Muschelbank abgelagert, wo vor allem Mikroorganismen sie abbauen, so daß ebenfalls Nährsalze gebildet werden. Diese kommen dem Blasentang, der auf den natürlichen Muschelbänken gedeiht, direkt zugute; der Überschuß steht für die planktischen Algen zur Verfügung. Von einer mit Tang bewachsenen natürlichen Muschelbank geht also für das Ökosystem Wattenmeer eine geringere düngende Wirkung aus als von einer tangfreien Kulturmuschelbank.
Bei dem erwähnten Blasentang handelt es sich um eine blasenlose Variante, die auch keine Haftscheiben ausbildet und sich nur ungeschlechtlich (vegetativ) vermehrt. Die Algen werden von den Klebfäden der Muscheln festgehalten. Weil Einschlickung die Ansiedlung von Keimlingen blockiert und weidende Strandschnecken sie zudem abfressen, hat sich vermutlich diese Tang-Variante ausgebildet. Größeren Blasentang-Stücken tun die Schnecken dagegen nichts.
Die große Biomasse-Produktion der Muschelbänke sorgt bei den Vögeln für reiche Beute. Besonders Silbermöwen, Eiderenten und Austern-

fischer profitieren davon. Unter den wirbellosen Tieren tragen Seesterne und Strandkrabben zur Dezimierung der Muscheln bei. Größte Bestandsverluste erfahren die Muschelbänke jedoch in gewissen Abständen durch strenge Eiswinter, wenn die Tiere von Eisschollen abgehobelt oder von ihnen fortgetragen werden. Exemplare, die zwischen Steinen, an anderen geschützten Standorten oder im tiefen Wasser leben und so der Schabewirkung des Eises entgehen, überleben solche Frostperioden besser. Sie können dann für den millionenfachen Nachwuchs sorgen, der bereits im folgenden Jahr durch eine Neubesiedlung der Standorte die Verluste ausgleicht.

Bestandschwankungen und Standortwechsel von Kleintieren

Insgesamt müssen sich die Organismen an ihren Kleinstandorten im Watt unterschiedlichen Schwankungsrhythmen der vom Land und Meer her geprägten Lebensbedingungen stellen. Beim Trockenfallen wirkt sich das jahreszeitlich und kurzfristig veränderliche Wettergeschehen aus. Das Meer zeigt dagegen langsamere Veränderungen im Laufe des Jahres, beispielsweise der Temperatur, der Nährsalz-, Plankton- und Detritusgehalte. In ein solchermaßen kurz- und langfristig wechselndes Faktorengefüge eingebettet, gelingt es den meisten Wattbewohnern nicht, gleichbleibende Bestände aufrechtzuerhalten; vielmehr fluktuieren sie erheblich in Größe und Zusammensetzung. Auf Massensterben in strengen Wintern können im anschließenden Sommer besonders erfolgreiche Neuansiedlungen folgen, die noch dadurch gefördert werden, daß auch räuberische Arten der Kälte zum Opfer gefallen sind. Schäden

Der meist fünfarmige Gemeine Seestern ist ein häufiger Stachelhäuter der Nordsee. Nach starken Stürmen findet man Exemplare im Strandanwurf und auf den Wattböden.

Die räuberische Strandkrabbe (Carcinus maenas) sucht ihre Beute vor allem bei Wasserbedeckung. Während des Niedrigwassers verkriechen sich die Tiere gerne unter Steinen und Tangbüscheln.

durch Stürme können eine veränderte Bodenstruktur und infolgedessen eine Wiederbesiedlung der betreffenden Standorte durch andere Arten bewirken.
Viele Wattbewohner haben in bestimmten Lebensphasen die Möglichkeit, durch passive oder aktive Drift kleinere Ortsveränderungen zu erreichen oder in ausgedehnten Wanderungen geeignetere Lebensräume zu erschließen. Wattschnecken können sich bei auf- und ablaufendem Wasser für kurze Zeit mit einem Schleimnetz an die Wasseroberfläche hängen und ein Stück treiben lassen, bis sie den Schleim auffressen und wieder zu Boden fallen.
Die Jugendstadien haben sogar die Neigung, sich im Sommer aus dem Siedlungsgebiet der Erwachsenen hinaustreiben zu lassen, um neuen Lebensraum zu besiedeln. Während dieser „Wanderzeit" sind die Populationsstärken ein und desselben Bestandes erheblichen Schwankungen unterworfen. Solche Driftvorgänge ermöglichen eine Umverteilung der Artgenossen. Sie tragen aber auch dazu bei, daß durch Wegfraß oder Sedimentationsstörungen hervorgerufene Verluste wieder ausgeglichen und sogar neue Ressourcen erschlossen werden.
Auch Jungmuscheln verschiedener Arten besitzen ein ausgeprägtes Wanderverhalten. Während Muschellarven noch nicht die Möglichkeit haben, einen geeigneten Standort für die späteren Lebensphasen auszusuchen, sondern sich dort ansiedeln, wohin die Strömungen sie verfrachten, haben Jungmuscheln durch ihre Wanderungen die Chance, die Standortwahl nachzuholen.
Junge Plattmuscheln lassen sich im Frühsommer nach einer ersten Ansiedlung im unteren Watt mit dem Flutstrom in den oberen Gezeitenbereich tra-

Die kleine Baltische Plattmuschel (auch Rote Bohne, Macoma balthica) mit ihren gewölbten, kräftigen Schalenklappen ist die häufigste Muschelart im Wattenmeer. An den Stränden ist sie deshalb reichlich zu finden.

Herzmuscheln (Cerastoderma edule) leben dicht unter der Oberfläche des Wattbodens. Manchmal findet man freigespülte Exemplare, die von Klebfäden der Byssusdrüse aus dem Fuß der Miesmuschel zusammengehalten werden.

gen, wo sie günstige Lebensbedingungen mit viel Nahrung und wenigen Feinden im Wasser vorfinden. Das vorübergehende Schweben wird ihnen durch lange Schleimfäden ermöglicht. Für große Plattmuscheln sind die Bedingungen dagegen in den tiefer gelegenen Watten besser. Sie gelangen auf einer erneuten Wanderung während des ersten Winters in den für ihren folgenden Lebensabschnitt günstigen Bereich des Watts.
Bei Herzmuscheln wird das Wanderverhalten sogar von der Mondphase gesteuert: Während gewisser Springtiden (jeweils zwei bis drei Tage nach Voll- und Neumond) treten gehäuft wandernde Jungmuscheln auf. Sie sorgen für eine Verbreitung der Herzmuscheln im gesamten Gezeitenbereich.
Auch der Wattwurm kommt in einem viel größeren Bereich vor, als man allein aufgrund des Auftretens der Erwachsenen annehmen sollte. Im Herbst siedeln sich viele der etwa ein Millimeter langen Larven nach Verlassen des mütterlichen Wohngangs im tieferen Watt an, wo sie sich, in Schleim eingehüllt, zur Überwinterung an Muschelschalen anheften. Im Frühjahr verlassen die inzwischen sechs Millimeter langen Würmer dieses Gebiet und bewohnen dann die „Brutwatten“ nahe der Hochwasserlinie. Im Herbst suchen die inzwischen auf zwei bis sechs Zentimeter Länge herangewachsenen Tiere die Siedlungsgebiete der Erwachsenen im Mischwatt auf. Insgesamt nutzen die genannten Muschelarten und der Wattwurm auf ihren Wanderungen und in ihren verschiedenen Lebensphasen fast den gesamten Gezeitenbereich ihres jeweiligen Wattstrom-Einzungsgebiets oder sog. Tidebeckens. An den verschiedenen Standorten sind die einzelnen Lebensstadien der Arten einem unterschiedlichen Fraß-

druck durch Beutegreifer ausgesetzt. Das hat entscheidenden Einfluß darauf, welche Verteilungsmuster sich für die Erwachsenen im Endergebnis herausbilden.

Vielfalt an Fischen

Mehr als 60 Nordsee-Fischarten profitieren vom Nahrungsreichtum im Wattenmeer. Bei den sog. Standfischen, die zu allen Jahreszeiten und mit sämtlichen Altersgruppen im Wattenmeer vertreten sind, können alle Lebensstadien die extremen Umweltbedingungen an diesen Standorten ertragen. Doch sind besondere Vorkehrungen erforderlich, damit auch die Fortpflanzung erfolgreich verlaufen kann. Um zu verhindern, daß Strömungen die abgelegten Eier verdriften, werden sie gern an Steinen und Muschelschalen festgeheftet. Der Seeskorpion betreibt zusätzlich Brutpflege, indem das Männchen die Eigelege bewacht. Beim Butterfisch übernehmen beide Elterntiere diese Aufgabe. Einen noch weitergehenden Schutz bieten die lebendgebärenden Formen ihren Nachkommen. Bei der Aalmutter findet die Entwicklung der empfindlichen Stadien vom Ei bis zum Jungfisch im Schutz des Mutterleibes statt. Etwa im Dezember bringt dann ein Weibchen bis über 100 Fische zur Welt, die mehrere Zentimeter lang sind.
Viele der wirtschaftlich wichtigen Speisefische wie Hering, Sprotte, Scholle und Seezunge nutzen das außergewöhnlich nahrungsreiche Wattenmeer als Aufzuchtgebiet. Diese Fische laichen zwar in der offenen Nordsee, ihre Eier oder frühen Entwicklungsstadien werden aber mit der Strömung ins Watt verfrachtet. Wegen starker Verluste auf dem Wege dorthin benötigen solche Arten hohe Nach-

kommenzahlen. Einige Plattfische, beispielsweise Schollen, Flundern und Seezungen, führen zusätzliche kurzräumige Nahrungswanderungen durch. Sie verteilen sich bei auflaufendem Wasser über den Wattflächen, um dort nach reichlich vorhandenen Borstenwürmern, Muscheln und Krebstieren zu jagen. Auf Schlickwatt wachsen die jungen Plattfische nämlich besonders gut heran. Wenn sie sich bei ablaufendem Wasser in die Priele zurückziehen, überdauern die kleinsten unter ihnen in Wasserpfützen oder in den obersten Abschnitten der Wasserläufe. Zusätzlich zu den gezeitenbedingten Schwankungen gibt es auch tageszeitliche Unterschiede in der Aktivität der Nahrungssuche. So haben die Seezungen die Neigung, die Jagd nach kleinen Bodentieren eher in die Nacht zu verlegen. Die Bedeutung des Wattenmeeres als Aufzuchtgebiet für Arten, die für die Fischerei von Belang sind, wird auch dadurch verdeutlicht, daß insgesamt etwa 80 Prozent der Nordseeschollen und über 50 Prozent der Seezungen im Wattenmeer aufwachsen. Erst nach einer deutlichen Größenzunahme verlassen sie dieses Gebiet wieder in Richtung offenes Meer.
Saisonfische verbringen nur Teile des Jahres im Wattenmeer. Die kälteempfindliche Seezunge meidet tiefe winterliche Temperaturen und weicht während der kalten Jahreszeit in tiefere Bereiche aus. Für den Steinbutt ist das Watt nur eine frühe Kinderstube. Die zunächst im freien Wasser lebenden Larven gehen hier zum Bodenleben über, und im Spätherbst wandern die acht bis zehn Zentimeter langen Jungfische bereits in das tiefere Wasser und vermeiden so die niedrigen Wintertemperaturen des Flachwassers. In der Nordsee können sie schließlich bis zu einem Gewicht von zwölf Kilogramm heranwachsen.

Junge Heringe profitieren vom Nahrungsreichtum des Wattenmeeres, bevor sie in die offene Nordsee abwandern.

Der Hornhecht (Belone belone), unverwechselbar vor allem durch sein schnabelartig langgezogenes Maul, hält sich im Frühsommer bei Ebbe in den Prielen auf.

Ein anderer Saisongast ist die Dicklippige Meeräsche, die in den letzten Jahrzehnten wahrscheinlich wegen klimatischer Veränderungen im Nordseewatt häufiger vorkommt und das Wattenmeer wegen der dortigen hohen sommerlichen Temperaturen sogar aktiv aufsucht.
Es gibt zahlreiche weitere Formen, die sich, ohne besonders angepaßt zu sein, ebenfalls vorübergehend im Watt aufhalten, solange sie günstige Lebensbedingungen vorfinden. Wenn diese sich jedoch verschlechtern, verlassen sie das Gebiet wieder. Manche Fische wie Aal, Wittling, Dorsch und Kliesche gelangen auf ihren unterschiedlichen Wanderungen zeitweise auch ins Wattenmeer, wo sie einen reich gedeckten Tisch vorfinden.

Massenandrang von Wat- und Wasservögeln

Von zentraler Bedeutung sind das Wattenmeer und sein Umfeld für die Welt der Wat- und Küstenvögel. Bis zu zehn Millionen von ihnen kreuzen jährlich diese Region als Durchzügler und müssen hier die Energiereserven für ihren weiteren Flug auffüllen. Außerdem finden über 30 Vogelarten mit schätzungsweise einer Dreiviertel Million Individuen ihr Fortpflanzungsgebiet im Wattenmeer-Raum. Von denjenigen, die auf ihren weiten Reisen im Frühjahr zu ihren nördlichen Brutgebieten und im Herbst zu ihren südlichen Winterquartieren Stop und Rast im Wattenmeer einlegen, halten von der Zahl her die Alpenstrandläufer den Rekord, gefolgt von Austernfischern und Knutts. Beeindruckend sind auch die Scharen von Pfuhlschnepfen, verschiedenen Gänsen, Pfeifenten, Großen Brachvögeln und Regenpfeifern. Ihre Brutgebiete reichen von Nordost-Kanada über Grönland, Island und Skandinavien bis Nordrußland und Nordsibirien und umfassen einen mehr als 100mal so großen Raum wie das Wattenmeer an der Nordseeküste. Zur Überwinterung zieht es die Watvögel unterschiedlich weit nach Süden. In milden Jahren können etwa 1,5 Millionen Vögel im Watt überwintern, unter anderem Austernfischer und Großer Brachvogel. Einige zieht es nach Südwesteuropa. Für viele endet die Reise in die Winterquartiere aber erst an der westafrikanischen oder der südafrikanischen Küste.

Wenn die Vögel im Frühjahr wieder die Reise zu ihren nördlichen Brutrevieren angetreten haben, bleiben ihnen im Wattenmeer nur wenige Wochen, um sich dort mit einer ordentlichen Fettreserve für den beschwerlichen Weiterflug zu versorgen. Wer rechtzeitig seinen Zielort erreicht, kann mit einem guten Brutplatz rechnen. Zu früh ankommende Tiere müssen jedoch noch mehrere Wochen bei ungünstiger Witterung überdauern. Wenn die Vögel später im Sommer nach Beendigung ihres Brutgeschäfts wieder das Nordseewatt erreichen, haben sie deutlich mehr Zeit als im Frühjahr, um die Fettpolster bis zum Weiterflug in die Winterquartiere aufzufüllen.

Knutts beispielsweise treten an der Nordseeküste in zwei geographischen Rassen auf, die sich gegenseitig nicht stören. Die kanadischen/grönländischen Exemplare überwintern im Wattenmeer, in Südengland und Frankreich. Von der nordsibirischen Population verbringen die meisten den Winter an der westafrikanischen Küste, ein Teil fliegt bis Namibia. Wenn sie nach dem langen Anreiseweg im Frühjahr abgemagert wieder im europäischen Watt eintreffen, etwa Mitte Mai, sind die grönländischen Tiere bereits zu ihren Brutgebieten aufgebrochen. So vermeiden die beiden Rassen eine direkte Nahrungskonkurrenz. Nach drei Wochen Aufenthalt im Wattenmeer sollte der Fettvorrat vor dem Weiterflug in die nordsibirischen Brutgebiete mehr als ein Drittel des Körpergewichts betragen, damit nach dem anstrengenden Flug eine kleine Reserve vorhanden ist, falls die Witterungsbedingungen eine neue Nahrungsaufnahme noch nicht zulassen.

Nach Beendigung des Brutgeschäfts machen sich zuerst die Altvögel wieder auf die Reise nach Südwesten. Schon etwa Mitte Juli fliegen sie, wahrscheinlich im Direktflug, die über 4000 Kilometer bis zum Wattenmeer, wo sie günstige Mauserplätze finden. Die Jungvögel sind zu diesem Zeitpunkt noch nicht flügge. Sie kommen etwas später nach, etwa Mitte bis Ende August. Im Oktober kann der Weiterflug angetreten werden. Auch andere Fernzieher unter den Watvögeln, wie Alpenstrandläufer, Pfuhlschnepfen und Kiebitzregenpfeifer, machen sich dann auf den Weg.

Am weitesten fliegt die Küstenseeschwalbe. Sie brütet in Bereichen mit flacher Vegetation von der Arktis bis zu den Küsten um die Nordsee und überwintert etwa 12 000 Kilometer entfernt im Süden Afrikas. Viele umkreisen auch die Antarktis, bevor sie wieder nach Norden ziehen. Die Nahrungssuche fällt ihnen leichter als vielen Watvögeln, da sie an etlichen sauberen Gewässern Futter finden können, das ihnen zusagt.

Deutliche Akzente setzen im Watt auch Gänse und Enten. In konzentrierten Trupps zu Tausenden kann man die Ringelgänse vor allem zwischen Ende September und Anfang Dezember und dann wieder zwischen März und Mai als Durchzügler, einen Teil aber auch als Wintergäste an der Nordseeküste beobachten. Andelgras- und Seegras-Wiesen sind zwar ihre Lieblings-Weidegründe, die

Die Küstensee-
schwalbe findet
sich von April bis
Ende Juli in dich-
ten Kolonien als
Brutvogel an der
Nordseeküste.

Mit dem langen, abwärts gebogenen Schnabel kann der Große Brachvogel im Watt nach kleinen Meerestieren (z. B. Watt- und Seeringelwürmern oder Muscheln) stochern.

sie kurz halten, aber sie weiden auch hinter dem Deich. Von den vier in der nordpolaren Region brütenden geographischen Rassen sind zwei im Wattenmeer vertreten; die dunkelbäuchigen, in Nordrußland und Nordwestsibirien brütenden Exemplare kommen häufiger, die weißbäuchigen aus Nordost-Kanada, Grönland und Spitzbergen seltener vor.

Als Brutvögel fallen Lachmöwen, Silbermöwen, Austernfischer und Heringsmöwen an der Nordseeküste häufig auf. Der Austernfischer macht in den Wattgebieten, die er zum Fressen aufsucht, durch seine lauten Rufe, das markante Aussehen und das lebhafte Verhalten auf sich aufmerksam. Die gute Erreichbarkeit der Nahrung, vorzugsweise Muscheln, bestimmt in hohem Maße den Wert seines Brutplatzes (Sandstrand, Dünen, Salzwiese). Von Artgenossen umkämpft sind die dicht am Watt gelegenen Standorte. Sie haben u. a. den Vorteil, daß von dort aus die Jungen frühzeitig nach dem Ausbrüten zur Nahrungssuche mitgenommen werden können. Allerdings besteht hier die Gefahr, daß hin und wieder Gelege durch sommerliche Sturmfluten zerstört werden. Die lange Lebensdauer der Vögel garantiert aber die Sicherung des Bestandes.

Unter den Austernfischern können verschiedene Individuen unterschiedliche Strategien des Nahrungserwerbs haben, die man an ihren Schnäbeln erkennen kann. Vögel mit langem, spitzem Schnabel suchen vorzugsweise im Watt nach Würmern, die sie mit Hilfe besonderer Sinneszellen an der Schnabelspitze aufspüren können. Exemplare mit seitlich abgeplattetem Schnabel sind in der Lage, Muscheln zu öffnen, indem sie beispielsweise den Schließmuskel von Herzmuscheln durchstoßen. Tiere mit kräftigem, stumpfem Schnabel hämmern

Das kontrastreiche Gefieder macht die Brandgans zu einem sehr auffälligen Vogel im Wattenmeer. Hier sucht ein Brandganspaar mit seinen Jungen im seichten Wasser nach Nahrung.

Die Heringsmöwe (Larus fuscus), hier mit Jungen, ist in den vergangenen Jahren an der Nordseeküste als Brutvogel häufiger geworden. Diese Möwe mit den gelben Beinen, die kleiner ist als die Silber- und Mantelmöwe, zieht zur Überwinterung bis an die westafrikanische Küste.

die Muscheln auf. Innerhalb von wenigen Wochen können sie die Ernährungsweise umstellen, denn der Schnabel paßt sich an.
Ein großer Anteil des europäischen Bestandes der Brandseeschwalben, die wie die Zwergseeschwalben und die Seeregenpfeifer zu den gefährdeten Vogelarten gehören, brütet an der deutschen Nordseeküste. Diese Seeschwalbe ist also dort ein besonders wichtiger Brutvogel. In den Schutzgebieten auf einigen Inseln bevorzugt sie sandige, vegetationsarme Plätze. Im Gegensatz zu den Fluß- und Küstenseeschwalben, die ihre Nahrung vorwiegend in Prielen finden, taucht die Brandseeschwalbe in der offenen Nordsee nach Nahrung. Die gefangenen kleinen Fische werden einzeln zu den Jungen getragen, doch Lachmöwen jagen die Beute gern ab. Insofern ist eine gemischte Kolonie beider Vogelarten von Nachteil, der aber dadurch aufgewogen wird, daß sie einen gewissen Schutz vor Feinden bietet.
Alljährlich von Mitte Juli bis Mitte August treffen sich die Brandgänse zu Zehntausenden – vor der Küste Dithmarschens, und zwar vor allem zwischen den Inseln Trischen und Neuwerk, und im niedersächsischen Wattenmeer auf dem Knechtsand – zur Großgefiedermauser. Bis zu 180 000 Exemplare hat man gezählt, das sind etwa 90 Prozent des europäischen Bestandes. Während der Mauser können die Gänse drei Wochen nicht fliegen. Die Neuanlage des Federkleides ist ein sehr kräftezehrender Prozeß. Obwohl sie hauptsächlich nachts Muscheln und Schnecken fressen, verlieren sie in dieser Zeit trotzdem etwa ein Drittel ihres Körpergewichts. Während der Flugunfähigkeit sind sie äußerst scheu und empfindlich gegen Störungen. Deshalb stehen die Mausergebiete auch unter besonderem Schutz.

Die große Zahl an Vögeln kann sich nur deshalb im Watt ernähren, weil die einzelnen Arten an verschiedenen Standorten nach unterschiedlicher Nahrung suchen. Solange die Wattflächen überspült sind, versammeln sich die Watvögel weitgehend an ihren traditionellen Rastplätzen oberhalb der Hochwasserlinie und harren dort aus, bis sich bei Ebbe das Wasser zurückzieht. Dann verteilen sie sich über den Wattflächen. Während beispielsweise Uferschnepfen und Brachvögel mit ihren langen Schnäbeln nach Würmern und Muscheln stochern, suchen Alpenstrandläufer und Knutts mit ihren kurzen Schnäbeln nach kleinen Krebsen und Schnecken. Säbelschnäbler durchziehen mit ihrem leicht nach oben gebogenen Schnabel die obersten Wattschichten nach Wattschnecken und Schlickkrebsen.
Enten und Gänse bevorzugen im allgemeinen pflanzliche Kost. Eine Ausnahme macht jedoch die Eiderente, die hauptsächlich nach Miesmuscheln taucht. Meist werden die Muscheln ganz verschluckt und anschließend im Kaumagen zerdrückt und zerrieben. Trupps von Eiderenten können ganze Muschelbänke kahlfressen. An tiefen Standorten der Bänke brauchen die Enten recht viel Energie für den Tauchgang, so daß sie bis zur Hälfte ihres Körpergewichts an Nahrung pro Tag benötigen.

Säugetiere des Meeres

Neben dem häufigsten Säugetier des Wattenmeeres, dem Seehund, tritt auf den Sänden westlich von Amrum eine kleine Anzahl der etwas größeren Kegelrobben auf, und in dem neu eingerichteten Walschutzgebiet westlich von Amrum und Sylt kann man auch die einzige heimische Walart,

den Schweinswal, zu Gesicht bekommen. Im gesamten Wattenmeer kommen etwa 15 000 *Seehunde* vor. In der Zeit zwischen Juni und September, wenn sie sich in Rudeln auf den Sandbänken sonnen, können sie dabei von Besuchern beobachtet werden. In diesen Monaten wechseln sie ihr Fell und benötigen viel Licht, das die Bildung von Vitamin D fördert. Im Juli kommen die meisten Jungen zur Welt. Die Geburten finden auf trockenliegenden Sandbänken statt. Da diese möglicherweise schon bei der nächsten Flut wieder überspült werden, muß ein Seehundbaby sofort nach der Geburt schwimmen können. Ein festes glattes Fell bietet einen gewissen Kälteschutz im Wasser. Den Wollpelz hat es daher bereits vor der Geburt im Mutterleib abgestoßen.
Fühlt sich ein junger Seehund von der Mutter zu lange allein gelassen, fängt er zu rufen an; deshalb wird er auch als Heuler bezeichnet. Ein solches scheinbar hilfloses Tier sollte man nicht anfassen, da es bei Fremdgeruch von der Mutter nicht mehr angenommen wird. Nur die offiziell beauftragten Seehundjäger können beurteilen, ob es sich bei einem Heuler tatsächlich um ein mutterlos gewordenes Seehundbaby handelt und ob es wirklich Hilfe nötig hat. Sie entscheiden, ob das betroffene Tier in einer der autorisierten Seehundstationen in Friedrichskoog oder in Norden-Norddeich aufgenommen werden soll.
Das Säugen der Jungen erfolgt im Trockenen auf der Sandbank. Aber nur in den geschützten Kernzonen der Nationalparke haben die Seehunde die Möglichkeit zur ungestörten Aufzucht. Mit einer Kraftmilch von 45 Prozent Fettgehalt werden die Kleinen innerhalb der ersten sechs Wochen auf das Dreifache ihres Anfangsgewichts gebracht. Damit besitzen sie eine kleine Reserve, die aus-

Seehunde sind hervorragend an das Leben im Wasser angepaßt. Auf der Sandbank wirken sie dagegen schwerfällig.

Schweinswale werden vor allem in dem neu eingerichteten Walschutzgebiet vor Amrum und Sylt gesichtet.

reicht, bis sie gelernt haben, selbst ihre Nahrung zu beschaffen. Zunächst bevorzugen sie Garnelen, dann kommen kleine Fische hinzu. Später bilden Plattfische, vor allem Schollen, die Hauptnahrung der Seehunde. Die weitere Nahrungszusammensetzung wird durch das beeinflußt, was an den einzelnen Standorten vorkommt und was sich leicht fangen läßt. Insgesamt benötigt ein erwachsener Seehund etwa zwei Kilogramm Fisch pro Tag. Um die Nahrung am Boden zu erbeuten, schwimmen die Seehunde gern in Rückenlage, da sie wegen ihrer Augenstellung die Bodenfische dann besser sehen können. Beim Schwimmen in Normallage im trüben Wasser spielen die Barthaare eine wichtige Rolle beim Auffinden der Beute. Zwischendurch können Seehunde im Wasser schlafen, wobei sie in Abständen zum Atmen an die Oberfläche kommen. Natürliche Feinde haben sie im Wattenmeer nicht zu befürchten.

Seit in allen Anrainerstaaten die Jagd auf Seehunde verboten wurde, hat sich ihre Zahl gegen Ende der 70er und in den 80er Jahren deutlich vergrößert. Einen Rückschlag erlebte diese Entwicklung jedoch 1988 durch das aufsehenerregende Seehundsterben, bei dem der Bestand, der im ganzen Wattenmeer eine Einheit bildet, um etwa die Hälfte verringert wurde. Als Ursache wurde eine Infektion mit dem Morbilli-Virus (Seehundstaupevirus) identifiziert. Wahrscheinlich wurde die Krankheit durch arktische Sattelrobben eingeschleppt, die wegen Nahrungsmangel in die Nordsee vorgedrungen waren und das Virus, gegen das sie selbst immun geworden waren, auf die dortigen Seehunde übertrugen. Die meisten von ihnen starben allerdings nicht an dem Virus, sondern an einer Sekundärinfektion – ihr Immunsystem war durch die Abwehr des neuartigen Krankheitserre-

gers beeinträchtigt. Man muß davon ausgehen, daß wahrscheinlich bei den Tieren im Wattenmeer noch eine schadstoffbedingte Schwächung des Immunsystems hinzukam, denn als Endglieder des Nahrungsnetzes speichern sie bekanntlich erhöhte Mengen an Schwermetallen in Leber und Nieren sowie an organischen Schadstoffen, vor allem chlorierten Kohlenwasserstoffen, im Fettgewebe. Wenn es im Sommer abgebaut wird, gelangen diese Substanzen vermehrt in die Blutbahn und können dann das Immunsystem schwächen und den Hormonhaushalt stören.
Die Tatsache, daß seit 1989 die Zahl der so beliebten Seehunde im Wattenmeer weiter zunimmt, läßt erkennen, daß sich die Lebensbedingungen in diesem Gebiet durch die Schutzmaßnahmen inzwischen wesentlich verbessert haben.
In dem Seegebiet vor Amrum und Sylt werden in den Sommermonaten gehäuft *Schweinswale* gesichtet. Durch Zählung vom Flugzeug aus hat man ermittelt, daß es insgesamt etwa 270 000 Schweinswale in der Nordsee gibt. Sie sind an ihrem abgerundeten Kopfende und an der dunklen Ober- und der hellen Bauchseite zu erkennen. Die Weibchen dieser kleinsten Zahnwalart werden in der Nordsee bis zu 1,70 Meter lang, die Männchen bleiben etwas kleiner. Meist werden sie einzeln oder in kleinen Gruppen beobachtet. Als Nahrung dienen Fische, vor allem Plattfische. Da im Sommer auch viele Kälber auftreten, geht man davon aus, daß es sich bei dem genannten Küstenbereich um ein wichtiges Aufzuchtgebiet handelt. Deshalb wurde es im Rahmen des Nationalparks unter Schutz gestellt.

Industrielle Entwicklung an der deutschen Nordseeküste

Jürgen Oßenbrügge

Die deutsche Nordseeküste mit ihren einzigartigen naturräumlichen Qualitäten bietet nur punktuell Flächen für Unternehmensstandorte industrieller Branchen. Mit Einsetzen der Industrialisierung in Deutschland im 19. Jahrhundert wurden zunächst die großen Hafenstädte auch zu Schwerpunkträumen für das produzierende Gewerbe. Werften, Veredelungsindustrien für die importierten Rohstoffe und Versorgungsindustrien für die wachsende Bevölkerung der Hafenstädte prägten die großen Wirtschaftsräume Bremen und Hamburg um die Wende vom 19. zum 20. Jahrhundert. Hinzu kamen der Fischfang sowie darauf aufbauende weiterverarbeitende Industrien, die auch in kleineren Hafenstädten wie Bremerhaven und Cuxhaven zu finden waren. Diese auf wenige Städte bezogenen Prozesse der frühen Industrialisierung waren jedoch kaum ausreichend, die insgesamt landwirtschaftlich geprägte Wirtschaftsstruktur grundsätzlich zu beeinflussen. Daher war und ist der Küstenraum bis heute im wesentlichen als wenig industrialisiert zu bezeichnen.

Strukturelle Grundzüge

Um die als notwendig erachteten Industrialisierungsprozesse des Küstenraumes einzuleiten, ist in den 60er und 70er Jahren versucht worden, mit massiven staatlichen Vorleistungen im Bereich der Infrastruktur private Investitionen im produzierenden Gewerbe zu mobilisieren. Diese Strategie der „nachholenden Industrialisierung“ hat zu verschiedenen Schwerpunkträumen entlang der Nordseeküste geführt und ist nicht auf Deutschland beschränkt geblieben. Mit dem „Zug an die Küste“ verschiedener Branchen der Grundstoffindustrie sind gewaltige Industriegebiete entstanden.

Die größten Ausmaße nimmt dabei das Gebiet zwischen Rotterdam und der Rhein/Maas-Mündung ein; weitere Gebiete finden sich entlang der englischen Nordseeküste (Hull, Humberside, Newcastle). Im Bereich der deutschen Nordseeküste sind Schwerpunkträume an den Mündungen und den Flußläufen der Ems, Weser und vor allem der Elbe entstanden. Besonders dort, wo ausgedehnte Freiflächen nahe an seeschifftiefe Fahrwasser grenzen, sind Großbetriebe der Petrochemie (mineralölverarbeitende Chemie-Industrie), Chlorchemie und Aluminiumindustrie errichtet worden. Die Energie dafür erzeugten neue Großkraftwerke, besonders Kernkraftwerke.
Eine dritte Form der Industrialisierung erlebte der Nordseeraum durch die Off-shore-Förderung des Erdöls und des Erdgases. Ausgehend von Stützpunkthäfen in Schottland und Norwegen ist die Nordsee von einem System von Förderplattformen und Pipelines durchzogen. Direkte wirtschaftliche Effekte dieser rohstofforientierten Industrie haben sich für den deutschen Küstenraum nur punktuell ergeben, dafür entstehen durch die Förderung aber erhebliche Umweltprobleme, die neben der Wasserverschmutzung ein großes Risiko für die Wattgebiete darstellen, denn schon die gewöhnlichen Betriebsverluste, z. B. durch Risse in den Pipelines, sind für das Ökosystem Nordsee schwer zu verkraften.
Drei wirtschafts- und siedlungsstrukturelle Raumtypen sind für den Nordseeraum charakteristisch:
– Die dichtbesiedelten Stadtregionen Hamburg und Bremen sind aus regionalwirtschaftlicher Sicht von größter Bedeutung.
– Als weiterer Typ sind die Klein- und Mittelstädte mit ihren zentralen Einrichtungen des Einzelhandels sowie der privaten und öffentlichen

Dienstleistungen zu nennen. Hierzu zählen Städte wie Emden, Wilhelmshaven, Bremerhaven, Cuxhaven, Stade, Itzehoe und Husum.
– Den dritten Raumtyp bilden die entlegenen ländlichen Küstenräume, die als strukturschwach anzusehen sind. Dieses betrifft sowohl die schleswig-holsteinische Westküste als auch den niedersächsischen Küstenraum.
Insgesamt ist der Küstenraum durch die Landwirtschaft geprägt. Während der Durchschnittswert der in der Landwirtschaft Beschäftigten in Norddeutschland im Jahr 1993 etwa vier Prozent betragen hat, weisen viele Teilräume der Nordseeküste einen Anteil von sechs bis acht Prozent auf, die niedersächsischen Landkreise Wittmund und Cuxhaven von sogar annähernd zwölf Prozent. Im produzierenden Gewerbe ergeben sich dagegen nur unterdurchschnittliche Anteilswerte. Ausnahmen stellen die Landkreise Wesermarsch und Steinburg dar, deren Industrieanteil westdeutsche Durchschnittswerte erreicht. Auch der Handels- und der Dienstleistungssektor sind in den ländlichen Regionen unterrepräsentiert. Nur in den wichtigsten Fremdenverkehrsgebieten Schleswig-Holsteins und Niedersachsens ändert sich dieses strukturelle Muster.
Alle genannten Raumtypen, die Großstadtregionen, die Mittelstädte und der ländliche Raum, sind im Bundesvergleich von hoher Arbeitslosigkeit betroffen. Eine Ausnahme bilden nur die Randgebiete der Großstädte, die sog. Speckgürtel.

Die Nordseeküste als traditioneller Industriestandort

Die industrielle Entwicklung entlang der deutschen Nordseeküste war in erster Linie mit den

Im Fischereihafen von Cuxhaven. Für die Fischer liegt der Ort verkehrsgünstig auf der äußersten Landzunge der Elbmündung.

Auch Hamburg ist Standort der chemischen Industrie, wie hier in Wilhelmsburg. Schiffstransporte mit Gefahrengut in alle Welt stellen eine ständige potentielle Bedrohung des Naturraums Wattenmeer dar.

Verkehrsfunktionen der traditionellen Hafenstädte verbunden. In diesem Zusammenhang ist zwischen der Bedeutung der Seehäfen für den Industrialisierungsprozeß insgesamt und den industriellen Unternehmen mit Standort Seehafen zu unterscheiden. Denn den Seehäfen, besonders Hamburg und Bremen, kommt auch ohne Beachtung ihres eigenen Industriepotentials eine große Bedeutung für die Industrialisierung in Mitteleuropa zu. Der Umschlag der Güter und ihr Weitertransport in das Hinterland bzw. nach Übersee sowie die Konzentration von Reedereibetrieben, Speditionen und Großhandelsunternehmen bildeten wichtige Impulse für die wirtschaftliche Entwicklung Deutschlands und seiner Nachbarländer insgesamt.

Die Umschlags-, Transport- und Handelsfunktionen haben einen nachhaltigen Einfluß auf die Stadt- und Regionalentwicklung im Küstenraum ausgeübt. Sie sind außerdem ausschlaggebend für die frühe Industrialisierung gewesen. Der industrielle Standortvorteil der Seehäfen erstreckte sich zunächst auf solche Bereiche, die unmittelbar mit der Seefahrt und dem Umschlag zusammenhängen, also den Schiffbau und die Schiffsreparatur sowie den Maschinenbau für Kräne und andere Lösch- und Ladegeräte. Die rapide Zunahme des Welthandels im 19. Jahrhundert und der damit verbundene Bedarf an immer schnelleren und größeren Schiffen sorgte für die Gründung und das kontinuierliche Wachstum der Werftindustrie. Sie wurde zum Motor der Küstenindustrialisierung sowohl hinsichtlich der geschaffenen Arbeitsplätze als auch in bezug auf die Entwicklung technologischen Wissens.

Der in den Seehäfen konzentrierte Handel führte bereits im frühen 19. Jahrhundert zu neuen Industriezweigen, in denen die eingeführten Rohstoffe zunächst verarbeitet wurden, um sie erst anschließend weiterzuverkaufen. Beispielsweise begünstigte Bremens Rolle als wichtiger Stapelplatz für Tabak den Aufbau einer Tabakindustrie, die Mitte des 19. Jahrhunderts immerhin 10 000 Personen direkt oder indirekt beschäftigte. In Hamburg bzw. in den damals noch selbständigen Stadtteilen Altona, Harburg und Wandsbek entwickelten sich zahlreiche industrielle Großbetriebe, beispielsweise der Kakao- und Kautschukverarbeitung. Darüber hinaus entstand an den Küstenorten eine weiterverarbeitende Fischindustrie. Mit der Einführung der Fischdampfer nahm die Bedeutung der Hochseefischerei um die Wende vom 19. zum 20. Jahrhundert rasch zu. Neben dem damit verbundenen größeren Angebot an Frischfisch wurden besonders in Cuxhaven und Bremerhaven zahlreiche Industriebetriebe zur Konservierung und Weiterverarbeitung errichtet.

Grundzüge der „nachholenden Industrialisierung“ von 1960 bis 1980

Nach dem Wiederaufbau im Anschluß an den Zweiten Weltkrieg und dem Einsetzen des „Wirtschaftswunders“, in dessen Verlauf dem Staat umfangreiche Finanzmittel für eine aktive Wirtschaftspolitik zuflossen, setzte eine neue Welle von Industrieansiedlungen im Bereich der deutschen Nordseeküste ein. Küstenstandorte wurden besonders für solche Industrien interessant, die einen Zugang zum seeschifftiefen Fahrwasser, umfangreiche Flächen für verschiedene Betriebsteile, im Vergleich zu den Ballungsgebieten geringere Umweltauflagen und einfachere Entsorgungsmöglichkeiten benötigten. Die vor allem in den

60er und 70er Jahren errichteten Unternehmen gehören – den genannten Standortanforderungen entsprechend – überwiegend den Wirtschaftszweigen der Eisen- und Metallerzeugung, der Chemie und der Mineralölverarbeitung an. Zu den bekanntesten „Ansiedlungserfolgen" dieser Art gehören die großen Chemiewerke an der Unterelbe wie Dow-Chemical in Stade-Bützfleth, das Bayer-Werk in Brunsbüttel oder das ICI-Chemiewerk in Wilhelmshaven. Hinzu treten Raffinerien, Aluminiumwerke und verschiedene Unternehmen der Grundstoffindustrie. Eine Ausnahme in diesem Branchenmuster stellt die Errichtung des VW-Zweigwerks in Emden dar, das mit Abstand die meisten industriellen Arbeitsplätze im Küstenraum der Nordsee geschaffen hat.

Im Küstenraum der Nordsee bestanden, wie erwähnt, zunächst nur in den großen Hafenstädten nennenswerte Industrien. Die strukturelle Benachteiligung dieser Region im Vergleich zu den wirtschaftlich stark anwachsenden Ballungsgebieten in West- und Süddeutschland veranlaßte die norddeutschen Länder etwa gleichzeitig, eine intensive Industrieansiedlungspolitik aufzunehmen. Die Flächenstaaten Niedersachsen und Schleswig-Holstein sowie die Stadtstaaten Bremen und Hamburg begannen ab Mitte der 60er Jahre, große Industriegebiete auszuweisen, die den eben genannten Standortanforderungen entsprachen. Dazu gehörte die infrastrukturelle Erschließung der Industrieflächen, die in der Regel mit sturmflutsicheren Aufhöhungen und Schutzdeichen, dem Bau von Straßen und Bahnlinien, der Anlage von Häfen und Anlegern sowie der Sicherung der Energieversorgung durch Beteiligungen am Bau von Kraftwerken verbunden war. Diese enormen finanziellen Aufwendungen erhöhten sich weiter-

Containerhafen Hamburg. Große Teile des Hamburger Freihafens dienen heute dem ständig wachsenden Containerverkehr.

Ein Tanker passiert die Schleuse in Brunsbüttel zwischen Elbe und Nord-Ostsee-Kanal.

hin durch direkte und indirekte Subventionen für die ansiedlungswilligen Unternehmen, die die Konkurrenzsituation der beteiligten Bundesländer und der ausländischen Küstenstandorte für sich zu nutzen wußten. Ohne diese gezielte und freigebige Politik der staatlichen Instanzen auf der kommunalen und Länderebene wäre es kaum zu den großen Industrieansiedlungsprojekten gekommen.

Raummuster der Industriestandorte

Die Veränderungen, die sich durch den beschriebenen Prozeß der nachholenden Industrialisierung im Küstenraum vollzogen haben, sind je nach Standort sehr unterschiedlich.
Von den fünf Schwerpunkträumen Emden/Dollarthafen, Wilhelmshaven, Brunsbüttel, Nordenham und Stade sollen die drei erstgenannten, die die größte Nähe zur offenen Nordsee aufweisen, genauer untersucht werden.

Schwerpunktraum Emden/Dollarthafen: Handel und Hafenwirtschaft haben in Emden eine sehr lange und wechselvolle Tradition. Im 19. Jahrhundert war Emden zeitweilig größter deutscher Massenguthafen. Hinzu kamen Großwerften, z. B. die Thyssen Nordseewerke seit 1904, Fischindustrien und Reedereien. Nach starken Zerstörungen im Zweiten Weltkrieg gelang in den 50er Jahren der Wiederaufbau der Hafenwirtschaft. Mit der Ansiedlung des VW-Zweigwerkes 1964 entstand ein neues industrielles Standbein, das vor allem durch seine Beschäftigtenzahl von heute ca. 8000 den größten einzelbetrieblichen Arbeitgeber im gesamten Küstenraum darstellt.
Zu den typischen Unternehmen der nachholenden

Industrialisierung gehören die 1964 errichtete Frisia-Raffinerie und die 1981 angesiedelten Norddeutschen Ferrowerke. Beide waren ein Mißerfolg; die Ferrowerke sind bespielsweise nach Probelauf überhaupt nicht in Produktion gegangen. Schließlich ist auf die Aufbereitungsanlage für Erdgas aus norwegischen Feldern hinzuweisen (Philips Petroleum), die seit 1977 zu einem beachtlichen Anteil den deutschen und westeuropäischen Energiebedarf deckt.
Zum weiteren Ausbau der Hafenfunktionen und zur beschleunigten Industrieansiedlung entstand das Dollarthafen-Projekt, das ursprünglich in der zweiten Hälfte der 70er Jahre mit einem Investitionsvolumen von über einer Milliarde DM realisiert werden sollte. Verschiedene planungsrechtliche und Finanzierungsprobleme sowie nicht zuletzt der entschiedene Widerspruch von Bürgerinitiativen und Umweltverbänden haben das ursprüngliche Vorhaben sehr stark modifiziert und verkleinert.
Gegenwärtig ist der Hafenwirtschaftsraum durch eine Diversifizierung der Hafenfunktion (Verstärkung der Containerverladungen), der Bestanderhaltung der Werften und der Abhängigkeit vom VW-Werk gekennzeichnet. Zukünftige Industrialisierungen erscheinen derzeit kaum denkbar. Als Begründung dafür ist neben später noch zu vertiefenden allgemeinen Aspekten auch auf die unmittelbare Nachbarschaft zum niederländischen Delfzijl mit seinen modernen Hafenanlagen und umfangreichen industriellen Reserveflächen hinzuweisen.

Schwerpunktraum Wilhelmshaven: Der besondere Standortvorteil Wilhelmshavens besteht darin, daß der Außenhafen für Schiffe bis zu 250 000

Tonnen (tdw) zugänglich ist. Damit ist Wilhelmshaven der deutsche Tiefseewasserhafen für Massengut, besonders für die Anlandung von Rohöl. Bereits Ende der 50er Jahre erfolgten der Hafenausbau und die Gründung der Nord-West-Ölleitung GmbH (NWO), die die Rohstoffversorgung von mehreren Mineralölraffinerien im Rhein-Ruhr-Gebiet übernommen hat. Eine entsprechende Lösch- und Verteilfunktion für Flüssigerdgas hat die Deutsche Flüssigerdgas-Terminal GmbH seit Anfang der 80er Jahre. Der Ausbau der Hafeneinrichtungen war auch von Ansiedlungen der Grundstoffindustrien und einem neuen konventionellen Kraftwerk begleitet. Die Mobil-Oil errichtete 1975 eine Großraffinerie, die zeitweilig 310 Arbeitskräfte beschäftigte, jedoch 1986 wieder eingestellt wurde. Anfang der 70er Jahre baute Alusuisse ein Werk, in dem Chlorkali im energieintensiven Elektrolyseverfahren hergestellt wurde. Auch dieses Werk war kurze Zeit später von der Schließung bedroht. Es wurde allerdings 1978 vom multinationalen Unternehmen ICI übernommen, das gleichzeitig den Bau eines Werkes für die Chlor- und PVC-Produktion in Wilhelmshaven bekanntgab. Nach Produktionsaufnahme beschäftigt ICI insgesamt ca. 500 Personen in seinen Betriebsstätten in Wilhelmshaven.

Neben dem Zugang zum seeschifftiefen Fahrwasser zur Anlandung der Vorprodukte aus Großbritannien waren weiterhin die ausreichende Energieversorgung und die Nähe zu den erschließbaren Salzvorkommen ausschlaggebende Standortanforderungen. Die Errichtung des Atomkraftwerks Esensham an der Unterweser war daher eine wesentliche Voraussetzung für die Standortentscheidung.

Schwerpunktraum Brunsbüttel: Bereits kurz nach der Eröffnung des Nord-Ostsee-Kanals siedelten sich Anfang des 20. Jahrhunderts einige auf den Kanalbetrieb ausgerichtete Unternehmen des produzierenden Gewerbes an. Mit dem Bau des Ölhafens (1960) und des Elbehafens (1967) sowie eines mineralölverarbeitenden Betriebs (CONDEA 1963) begann ein Prozeß, der Brunsbüttel in der zweiten Hälfte der 70er Jahre grundlegend veränderte. Es kam auch hier eine für den Küstenraum typische Industrialisierung in Gang, die diesen Standort neben Hamburg und Stade zum dritten industriellen Schwerpunkt an der Unterelbe gemacht hat.
Die Basis für die Energieversorgung bilden die Atomkraftwerke Brunsbüttel (770 Megawatt, 1976) und Brokdorf (1300 Megawatt, 1987). Geprägt wird der Standort durch großindustrielle Anlagen der chemischen Industrie. Dazu gehörten zunächst ein Bayer-Werk (1977), die Schelde-Chemie (1980) und die VEBA-Chemie (1981). Hinzu kam ein weiterer Kanalhafen (Ostermoor, 1979). Nach verschiedenen Übernahmen ist die Bayer AG mit einem universellen Chemiewerk heute der wichtigste Betrieb, der mit 1700 Arbeitsplätzen gleichzeitig größter industrieller Arbeitgeber an der Westküste Schleswig-Holsteins ist. Ähnlich wie die DOW-Chemical am niedersächsischen Elbufer hat Bayer in letzter Zeit den Standort weiter ausgebaut.
An das östlich des Kanals gelegene Bayer-Gelände schließt das Hydro Agri Ammoniak- und Harnstoffwerk des norwegischen Konzerns Norsk Hydro an. In dem Werk, in dem 320 Personen beschäftigt sind, werden Düngemittel produziert. In unmittelbarer Nachbarschaft steht eine Bitumen-Raffinerie des französischen Konzerns ELF

Aquitaine, die Baustoffe für Straßenbau und Industrie herstellt. Die westlich des Kanals gelegenen Anlagen werden heute von der RWE-DEA betrieben. Das dazugehörige Chemiewerk mit der Bezeichnung CONDEA erzeugt Fettalkohole und Tonerden. Weiterhin befinden sich auf dem Gelände ein Tanklager und eine Bunkerstation, die über Pipelines mit der DEA-Raffinerie im etwa 20 Kilometer weiter nördlich gelegenen Hemmingstedt verbunden ist.
Gewissermaßen „abgerundet“ wird der Schwerpunktraum durch den 1994 begonnenen Bau einer Sondermüllverbrennungsanlage. Den Auf- und Ausbau des Industriestandorts Brunsbüttel begleiteten zahlreiche Debatten und Auseinandersetzungen, so wie es auch in Stade der Fall war. Die Befürworter, vor allem die Landesregierung, wiesen auf den Mangel an industriellen Arbeitsplätzen in der Region hin und erhofften sich von der Industrie umfangreiche strukturfördernde Wirkungen. Diese sollten sich u. a. in der Ansiedlung weiterverarbeitender Betriebe und einem verstärkten Zuzug nach Brunsbüttel ausdrücken. Während tatsächlich ca. 2500 neue Arbeitsplätze geschaffen wurden, sind die mittelbaren Effekte weitgehend ausgeblieben. Die Stadt Brunsbüttel konnte ihre zentrale Funktion nicht so spürbar wie Stade steigern. Die Ansiedlungskritiker wiesen auf die enormen staatlichen Vorleistungen hin, denen kein entsprechender Nutzen gegenüberstünde. Weiterhin wurden und werden immer wieder die Gefährdungen und Belastungen für die Umwelt angeführt: Grundwassersenkungen auf der Geest, Luft- und Abwasserbelastungen, Elbwassererwärmung durch Kühlwasser der Kernkraftwerke sowie die Risiken der Kraftwerke und Großindustrie generell.

Neben den genannten Schwerpunkträumen bestanden schon lange Zeit Planungen, die Standortvorteile an den Mündungen der Elbe und Weser noch intensiver für Industrieansiedlungen zu nutzen. Zu den bekanntesten Projekten gehören der Tiefseewasserhafen und Industriestandort Neuwerk/Scharhörn sowie die großindustrielle Nutzung von Außendeichsflächen östlich von Cuxhaven und südlich von Bremerhaven (Luneplatte). Alle Küstenländer haben damit Pläne „in der Schublade“, ansiedlungswilligen Unternehmen der Großindustrie umfangreiche Flächen zur Verfügung zu stellen. Hamburg hat beispielsweise lange Zeit seine Vorhaben zur Hafenerweiterung mit der Ansiedlungsplanung von Großindustrie verknüpft. Nach der erfolgreichen Ansiedlung eines Aluminiumwerkes zeigte sich aber recht bald, daß die Verknüpfung von Hafen- und Industriepolitik zu schweren finanziellen Belastungen für Länder und Kommunen führt.
Der „Zug an die Küste“ dieser Unternehmen scheint inzwischen endgültig beendet zu sein. Die vielen bereits erfolgten Betriebsschließungen zeigen vielmehr, daß die „nachholende Industrialisierung“ sich bereits wieder in einem Schrumpfungsprozeß befindet.

Krise der Werftindustrie

Noch Mitte der 70er Jahre war der Schiffbau die mit Abstand wichtigste industrielle Branche im Küstenraum. Im Land Bremen waren 1976 noch 22 Prozent der Industriebeschäftigten in der Werftindustrie tätig. Die entsprechenden Anteilswerte betrugen in Hamburg zehn, in Schleswig-Holstein zwölf Prozent. An einigen wichtigen

Werftstandorten lagen sie noch weitaus höher, so in Bremerhaven bei 56, Papenburg bei 42 oder Emden bei 40 Prozent.
Auch auf internationaler Ebene besaß der norddeutsche Schiffbau große Bedeutung. Um die Jahrhundertwende war die Aufholjagd gegen den Weltmarktführer Großbritannien prägend, nach dem Zweiten Weltkrieg konnte die Werftindustrie schnell wieder aufgebaut werden. Die Konkurrenz aus dem Fernen Osten wuchs jedoch seit den 50er Jahren ständig; zuerst Japan und später die sog. Tigerstaaten (Südkorea, Singapur, Malaysia, Taiwan) wurden zu den bestimmenden Größen des Weltmarkts.
Trotz der starken Konkurrenz erlebten die norddeutschen Werften einen Nachfrageboom in den 50er Jahren, und 1960 waren ca. 100 000 Personen im Schiffbau beschäftigt. Erste Krisenzeichen deuteten sich aber bereits in den folgenden Jahren an, die zeigten, daß die Kosten- und die spezifische Wettbewerbssituation der deutschen Werften ungünstig waren. Anstatt die erforderlichen Strukturanpassungen in Angriff zu nehmen, stiegen die Großwerften in den technologisch vergleichsweise einfachen Tankerbau ein. Die Nachfrage nach Großtankern war zwar Ende der 60er Jahre wegen stark zunehmender Verbrauchszahlen und der Krise im Nahen Osten (Sperrung des Suez-Kanals) deutlich angewachsen, allerdings war in diesem Segment der Preiswettbewerb auch am stärksten.
Als Mitte der 70er Jahre infolge der Ölkrise der Ölverbrauch in den Industrieländern zurückging, begann die Werftenkrise, die von den Großwerften ausging, aber auf die kleinen und mittelgroßen Werften übertragen wurde. Als Folge dieser Krise ging der gesamte Produktionssektor Schiffbau an

der Küste stark zurück. Nach einer Aufstellung von Nuhn aus dem Jahr 1990 läßt sich ein Verlust von über 30 000 Arbeitsplätzen in der Werftindustrie allein zwischen Mitte der 70er und Mitte der 80er Jahre errechnen. Heute sind weit weniger als 20 000 Arbeitsplätze in dieser Branche vorhanden, und wie die Stillegung der Vulkan-Werft zeigt, geht der Abbau des Schiffbaus ungebrochen weiter.

Wie die Beispiele der nachholenden Industrialisierung mit ihren Schwächen und die Werftindustrie zeigen, ist ein Umdenken in der regionalen Strukturförderung notwendig. Heute sind die Bestandspflege der bestehenden Branchen und die Förderung endogener Potentiale der maritimen Wirtschaft zentrale Aufgaben. Die kulturellen Traditionen und das Erfahrungswissen der Küstenbewohner über Ressourcen, Gefahren und Schönheit der Küsten und Meere böten weiterhin die ideale Grundlage für einen nachhaltigen Strukturwandel, der in diesem Raum langfristig das besonders durch die Industrialisierung hervorgerufene gestörte Gleichgewicht zwischen sozioökonomischen Interessen auf der einen Seite und Erhaltung der natürlichen Lebensgrundlagen auf der anderen Seite wiederherstellen könnte.

Unsere Nordsee in Gefahr

Volkert Dethlefsen

Unendliche Wassermassen und Fischreichtum, wunderschöne Sonnenuntergänge und weiße Strände, klares Wasser und gesunde Fische – mit diesen Begriffen brachten wir bis vor einigen Jahren die Nordsee in Verbindung. Und das, obgleich wir wissen, daß die Nordsee von dicht besiedelten, hoch industrialisierten Ländern umgeben ist und durch Fischerei und Schiffahrt intensiv genutzt wird. Abfälle gelangen auf verschiedenen Wegen in die Nordsee, aber niemand hatte sich bis vor 25 Jahren die Frage gestellt, wo denn diese Schadstoffe bleiben. So konnte es geschehen, daß mit Zustimmung von Wissenschaftlern Genehmigungen erteilt wurden, riesige Mengen von Abfällen mit Hilfe von Schiffen und durch Pipelines in die Nordsee zu verfrachten.

Noch 1969 fiel die Entscheidung, verdünnte Säureabfälle aus einer Fabrik in Norddeutschland in einem Seegebiet bei Helgoland zu verklappen, d. h. von Schiffen aus zu versenken. Eher zufällig entdeckten Wissenschaftler Mitte der 70er Jahre in diesem Verklappungsgebiet erhöhte Krankheitsraten bei bestimmten Fischarten. Eine genauere, mehrjährige Untersuchung ergab, daß ein Zusammenhang zwischen diesen Krankheiten und den zwar stark verdünnten, aber doch giftigen Abfällen nicht ausgeschlossen werden konnte. Die Veröffentlichung dieser Information setzte einen Prozeß in Gang, der zu einem Umdenken über die Belastbarkeit der Nordsee führte. Schlagartig wurde jedem klar, daß der Wasseraustausch in der Nordsee eben nicht ausreichend war, um die enormen Schadstoffmengen, die in dieses Ökosystem eingebracht wurden, so zu verdünnen und zu verteilen, daß keinerlei schädliche Wirkung an Pflanzen und Tieren festgestellt werden konnte oder auch nur befürchtet werden mußte.

Diese Befunde waren Anlaß für eine Vielzahl von wissenschaftlichen Untersuchungen in der Nordsee, in deren Verlauf im folgenden Jahrzehnt umfangreiche Erkenntnisse über das Ausmaß der tatsächlichen Belastung der Nordsee mit Schadstoffen gewonnen wurden. Es wurde deutlich, daß es durch verstärkten Eintrag von Phosphaten und Nitraten zu einer Überdüngung in Teilbereichen der Nordsee gekommen war, mit ungewöhnlichen Planktonmassenblüten und nachfolgenden negativen Erscheinungen im bodennahen Wasser. Des weiteren erkannte man, daß erhöhte Konzentrationen von verschiedenen Schadstoffen in Fischen, im Wasser und in den Bodenschichten nicht nur in unmittelbarer Küstennähe oder in den Flußmündungen gefunden werden konnten, sondern auch weitab im Meer. Beispielsweise waren besonders hohe Konzentrationen von Schwermetallen in Sedimenten vor der schottischen Küste anzutreffen, was auf atmosphärische Verdriftung und weitreichende Meeresströmungen zurückgeführt wurde.
Nach dem fortgeschrittenen Kenntnisstand Ende der 80er Jahre mußte man davon ausgehen, daß es in der Nordsee keine unbelasteten Gebiete mehr gab und Schadstoffe aus verschiedensten Quellen und der unterschiedlichsten Art in erhöhten Konzentrationen vorhanden waren.
Nach der chemischen Bestandsaufnahme folgten biologische Untersuchungen mit dem Ziel, negative biologische Auswirkungen der Schadstoff- und Nährstoffkonzentrationen zu erfassen; diese Untersuchungen sind zum Teil heute noch nicht abgeschlossen. Nach einer kurzen Zusammenfassung der in der Vergangenheit erzielten Ergebnisse über Schadstoff- und Nährstoffkonzentrationen und deren Wirkung soll von einigen neueren

Erkenntnissen über deren Einfluß auf Pflanzen und Tiere der Nordsee berichtet werden.

Rückblick auf die Verklappung und Verbrennung von Abfällen auf See

1969 wurde mit der Beseitigung von Abfällen aus der Titandioxidproduktion in einem Seegebiet zwölf Seemeilen nordwestlich der Insel Helgoland begonnen. Jährlich wurden bis zu 750 000 Tonnen sog. Dünnsäure verklappt. Diese Dünnsäure stammte aus dem Aufschluß von Mineralien mit Hilfe großer Mengen Säure zur Gewinnung von Titandioxid, einem weißen Pigment, das seinerzeit das giftige Bleiweiß ablöste. Täglich wurden Abfälle mit Schiffen von bis zu 1000 Tonnen Fassungsvermögen in einem vorgeschriebenen Seegebiet beseitigt. Es war bekannt, daß darin auch größere Mengen von Schwermetallen, insbesondere aber Eisen, enthalten waren. Dieses wurde aufgrund der Verdünnung der Säure während der Einleitung aber nicht für kritisch gehalten. Es schien unmöglich, daß die Schwermetalle sich im Seegebiet oder auch nur in dessen Nähe am Boden anreichern würden. Messungen hatten seinerzeit ergeben, daß die Abfälle den Meeresboden im Verklappungsgebiet gar nicht erreichten. Niemand konnte zum damaligen Zeitpunkt die Folgen der Abfallverbringung exakt voraussagen. 1975 begannen Untersuchungen zur Verbreitung der Fischarten im Verklappungsgebiet und in benachbarten Gebieten. Im Rahmen dieser Forschungen wurden viele kranke Fische entdeckt. Der Fisch mit den höchsten Krankheitsraten war die Kliesche (Limanda limanda), ein schollenähnlicher Plattfisch, der in der deutschen Fischerei damals keine Rolle spielte. Dieser Fisch ist der am

Verbrennungs-schiff im internationalen Seeverbrennungsgebiet für toxische Industrieabfälle vor der holländischen Küste

Verklappungsschiff und Säurespur im Verklappungsgebiet nordwestlich von Helgoland. Glücklicherweise gehört die Verklappung in großem Stil der Vergangenheit an.

häufigsten in der Nordsee vorkommende Plattfisch und somit für deren Ökosystem von herausragender Bedeutung. Bei dieser Art fand sich eine ganze Reihe von äußerlich erkennbaren Erkrankungen, von denen einige bis zu diesem Zeitpunkt nicht beschrieben waren. Intensive Untersuchungen ergaben, daß einige Krankheiten im Verklappungsgebiet häufiger auftraten als anderswo und ein Zusammenhang zwischen der Anreicherung bestimmter Schwermetalle – in diesem Falle Chrom – im Sediment und in den Fischen bestand. Es mußte befürchtet werden, daß die in diesem Gebiet vorkommenden Fischkrankheiten durch die Abfälle verursacht wurden.
Die Veröffentlichung dieser Ergebnisse führte zu einer heftigen Debatte zwischen Wissenschaft und zuständiger Verwaltung. Wenn seinerzeit auch kein schlüssiger und alle Beteiligten überzeugender Beweis gefunden werden konnte, daß die Fischkrankheiten im Verklappungsgebiet durch Inhaltsstoffe der Dünnsäure hervorgerufen wurden, so waren zumindest die Indizien ausreichend, um die Verklappung erneut zu überdenken. Hierdurch war ein Prozeß in Gang gesetzt, der letztlich nicht mehr umkehrbar war. Die hohen Erkrankungsraten von Fischen im Verklappungsgebiet deuteten auf eine Störung hin, und man kam überein, nicht abzuwarten, bis der Zusammenhang zwischen Erkrankung und Verklappung unbezweifelbar bewiesen war. Aufgrund der Fakten wurde vorsorglich eine Beendigung der Verklappung angeordnet. Die betroffene Firma erhielt die Auflage, alternative Methoden zur Vermeidung oder Beseitigung der Abfälle zu entwickeln. Das geschah mit öffentlichen Zuschüssen mit dem Ergebnis, daß nach dem Bau einer Rezirkulationsanlage die Abfälle völlig vermieden werden konnten.

1989 wurde die Einbringung von Abfällen aus der Titandioxidproduktion beendet. Das hatte Signalwirkung auf andere Länder. Zunächst wurde auch hier die Verklappung eingestellt, später dann ebenfalls die Einleitung von Produktionsabfällen durch Pipelines. Die Diskussion über die Beendigung dieser Verklappung sorgte dafür, daß auch die Beseitigung anderer Abfälle in der Nordsee außerordentlich kritisch betrachtet wurde. So geriet die Verbrennung von hochgiftigen chlorierten Industrieabfällen in einem Seegebiet vor der holländischen Küste, dem sog. internationalen Verbrennungsgebiet, in den Blickpunkt der Kritiker. Die Verbrennung auf See war gewählt worden, weil hier die an Land bestehenden strengen Vorschriften für die Zusammensetzung und Mengen der bei der Verbrennung entstehenden Abgase nicht eingehalten werden mußten.
Genauere Untersuchungen zeigten, daß die von den „Verbrennern" angegebenen Temperaturen oft unterschritten wurden und daß die Rückstände aus den Abgasen, die sich auf der Wasseroberfläche niederschlugen, hochgiftige Substanzen enthalten konnten. Man fürchtete insbesondere, daß durch die Verbrennung die hochgiftigen Dioxine (Seveso-Gift) in die Nordsee gelangen könnten. Folgerichtig wurde nach einigen Diskussionen schließlich auch die Verbrennung von hochgiftigen Abfällen auf See eingestellt. Heute sind Praktiken wie die Verklappung auf See, Einleitung von Schadstoffen durch Pipelines oder die Abfallverbrennung auf See nicht nur in der Nordsee, sondern im gesamten Geltungsbereich der großen Gewässerschutzkonventionen nicht mehr möglich.

Verstärktes Pflanzenwachstum durch Überdüngung

Die wichtigsten Pflanzennährstoffe sind Nitrat und Phosphat. Durch menschliche Einträge dieser Substanzen ist in jüngster Zeit das optimale Verhältnis zwischen Phosphor und Stickstoff (16:1) stark zugunsten des Stickstoffs verschoben worden. Während die Eintragsmengen von Phosphor, die im wesentlichen aus Waschmitteln stammen, seit den 70er Jahren erheblich eingeschränkt werden konnten, ist die Zufuhr von Stickstoff trotz intensiver Bemühungen nicht verringert worden. Die wesentlichen Eintragsquellen von Stickstoffverbindungen sind Verbrennungsrückstände aus Dieselmotoren, insbesondere der Lastwagen, und Einträge aus der Landwirtschaft. Insgesamt werden auf diese Weise jährlich zwischen 500 000 und 600 000 Tonnen von Stickstoffverbindungen der Nordsee zugeführt. Sie werden auch in der Atmosphäre mit den Winden sehr weit verdriftet, so daß es auch in küstenfernen Gewässern zu vermehrter Planktonproduktion gekommen ist.
Die unmittelbare Folge des erhöhten Eintrags von Nährstoffen in die Nordsee ist die Zunahme pflanzlichen Wachstums. So entstehen Planktonmassenblüten, die bei ihrem Absterben auf den Meeresboden absinken und dort von Bakterien zersetzt werden, die für diesen Vorgang Sauerstoff benötigen. Insbesondere nach Perioden der Windstille oder niedriger Windstärken, wie sie in einigen Sommern auftreten, kann es passieren, daß das Meereswasser in oben wärmere und unten kältere Wassermassen geschichtet wird. Der Sauerstoff der unteren Wasserschichten wird durch die Tätigkeit der bakteriellen Zersetzung so weit aufgezehrt, daß es zu Sauerstoffmangel kommt.

1980 entdeckten Wissenschaftler erstmalig, daß am Ende des Sommers der Sauerstoff im bodennahen Wasser in bestimmten Gebieten vor der dänischen Küste vollkommen verbraucht worden war. Fische können über längere Zeit nur einen sehr geringen Rückgang des Sauerstoffgehalts tolerieren. Die Messungen ergaben jedoch Sauerstoffwerte nahe Null. Daher wanderten Fische aus diesen Gebieten ab, standorttreue Fische und Bodentiere starben. Englische Forscher, die zufällig und ohne Kenntnis der Sachlage in diesem Gebiet fischten, fingen Tonnen toter und stinkender Fische. Erst später wurde die Ursache dieses Massensterbens – der Sauerstoffmangel – offensichtlich.
Weitere Folgen der Verschiebung des Nährstoffverhältnisses sind die Veränderung der Zusammensetzung des pflanzlichen Planktons und die Intensivierung der Blüten. So traten häufiger und mit großer räumlicher Ausdehnung sog. Red Tides auf, Planktonmassenblüten, die zwar früher schon als natürliche Phänomene beschrieben worden waren – in dieser Dichte jedoch waren sie neu. Zudem fand man giftige Algenmassenblüten, die in einigen Randbereichen der Nordsee zu Fischsterben führten.
Vielen Nordseebesuchern sind Schaumberge an den Küsten bekannt. Auch sie stehen im Zusammenhang mit veränderten Nährstoffverhältnissen, die zu massenhaft wachsenden Organismen führen. Die seinerzeit ergriffenen Maßnahmen zur Verringerung des Phosphateintrags im Binnenland haben, wenn auch mit einiger Verzögerung, im Meer ebenfalls zu einem Rückgang der Phosphatkonzentration geführt.
Für Stickstoff konnten derartige Erfolge nicht erzielt werden. Durch Verwendung von zuviel

Dünger oder die Beseitigung von Gülle aus Massentierhaltungen sind die sog. diffusen Einträge in die Gewässer nach wie vor hoch. Weiter werden durch Ausdünstungen, z. B. beim Auftragen von Gülle auf Felder, Ammoniakverbindungen in die Atmosphäre abgegeben, die durch Winde auch ins Meer gelangen. Der Versuch, über Düngemittelabgaben oder eine Verschärfung der Gülleverordnung Besserung zu schaffen, steckt in den Anfängen und muß dringend intensiviert werden.

Schadstoffe

Schwermetalle wie Cadmium, Kupfer, Blei, Zink, Quecksilber und andere wirken in niedrigen Konzentrationen nicht nur auf Meeresorganismen giftig. Die Organismen reichern sie mit der Zeit in verschiedenen Geweben an, was schwerwiegende negative Folgen hat. Schwermetalle stammen aus einer Vielzahl von industriellen Prozessen, zum Beispiel aus der Bearbeitung von Erzen. Lange Zeit wurde Blei-Tetraäthyl als Antiklopfmittel Treibstoffen beigemischt, so daß Blei aus den Auspuffgasen in die Atmosphäre und von hier über weite Distanzen u. a. in die Nordsee gelangte. Folglich konnte in entfernt gelegenen Gebieten sowohl in Organismen als auch im Wasser ein erhöhter Gehalt von Blei gemessen werden.
Schon vor 25 Jahren ergriff man zur Senkung der Schwermetallkonzentrationen in Flüssen oder Binnengewässern Maßnahmen, um die Einleitung solcher Substanzen zu verringern. Sie zeitigten ungefähr zehn Jahre nach Beginn erste Erfolge. Im Rhein beispielsweise sinken die Schwermetallkonzentrationen, insbesondere die von Cadmium und Quecksilber, seit nunmehr fast 15 Jahren, so daß

heute Werte erreicht worden sind, die teilweise um das Zehnfache niedriger liegen als zu Zeiten der höchsten Belastungen. Nach der Wiedervereinigung Deutschlands und nach Stillegung eines großen Teils der Industrieanlagen der ehemaligen DDR sind die Schadstofffrachten, die durch die Elbe in die Nordsee gelangen, ebenfalls erheblich zurückgegangen. Insgesamt läßt sich heute im Sediment weiter Bereiche der Nordsee für die Konzentration vieler, aber nicht aller Schwermetalle ein rückläufiger Trend feststellen. Gleichzeitig konnte in einigen Regionen in den Meeresorganismen ein Rückgang der Belastung mit Schwermetallen gemessen werden.
Während Schwermetalle sowohl aus natürlichen (geologischen) Quellen als auch durch menschliche Aktivitäten in die Umwelt gelangen, ist das Vorhandensein von organischen Chlorverbindungen ausschließlich auf den Menschen zurückzuführen. Diese Substanzen, die in Pestiziden, z. B. Lindan und DDT, oder in polychlorierten Biphenylen enthalten sind, kommen natürlicherweise nicht in der Umwelt vor. Sie werden von Meeresorganismen besonders in den Fettschichten angereichert und können hier hohe Konzentrationen erreichen, die bei einer Vielzahl von Organismen mit bestimmten Schadwirkungen in Verbindung gebracht werden. Zufällig entdeckte man bei der Untersuchung von Schäden an Seevögeln, daß diese Rückstände von DDT im Körpergewebe angereichert hatten, was zu Störungen in der Eientwicklung, insbesondere zur Verringerung der Schalenfestigkeit, führte. Zahllose weitere Beispiele für Beeinträchtigungen von Organismen machten schließlich klar, daß diese Substanzen in der Umwelt Schäden hervorrufen und daß Maßnahmen zur Reduzierung eingeleitet werden mußten.

Polychlorierte Biphenyle (PCB) sind schwer abbaubare organische Verbindungen. Sie werden u. a. als Isolationsflüssigkeit in Akkumulatoren eingesetzt und geraten bei Leckagen in das Wasser und schließlich in die Nordsee. Schwedische Forscher fanden unbekannte Substanzen in ihren Analysen und identifizierten diese als polychlorierte Biphenyle. Diese Substanzen – für die typisch ist, daß sie eine relativ geringe akute Giftwirkung haben – können heute flächendeckend auf unserem Globus nachgewiesen werden. Auch diese organischen Chlorverbindungen werden in bestimmten Organen der Organismen angereichert und können zu schweren Schäden führen. Extreme Konzentrationen werden an unseren Küsten beispielsweise in Seesäugern festgestellt. Vor ungefähr 15 Jahren wurden Maßnahmen ergriffen, um die Einträge dieser gefährlichen Substanzen zu reduzieren. Die Erfolge sind heute deutlich: Vor allem für DDT und seine Abbauprodukte, aber auch für eine Reihe von anderen Insektiziden lassen sich klar abnehmende Trends der Anreicherung in Meeresorganismen feststellen. Für polychlorierte Biphenyle sind ebenfalls Maßnahmen zur Verringerung der Einträge eingeleitet worden, jedoch sind die Erfolge in der Umwelt heute noch nicht deutlich zu erkennen. Eine weitere Substanzgruppe, die in den letzten Jahrzehnten Probleme hervorgerufen hat, sind Erdölkohlenwasserstoffe, die auf verschiedenen Wegen in die Nordsee gelangen. Zu einem wesentlichen Teil stammen sie aus der Schiffahrt, entweder durch Ölabgaben aus dem Schiffsbetrieb oder weil Erdöl nach Reinigung von Tanks über Bord gekippt wird. In der gesamten Nordsee findet man auf der Wasseroberfläche Ölfilme, deren Ursprung nur selten geklärt werden kann. Das

Gigantische Förderplattformen stehen in der Nordsee vor allem in englischen und norwegischen Hoheitsgebieten. Mit der Strömung gelangen jedoch nicht selten Ölreste an unsere Küsten.

Verölte Dreizehenmöwe in der Deutschen Bucht

Resultat ist die Verschmutzung von Stränden sowie die Verölung von Seevögeln.
Eine besondere Gefahr stellt das Öl dann dar, wenn es nach Tankerunfällen in sehr großen Mengen im Ökosystem Nordsee freigesetzt wird. Bei Kollisionen oder Strandungen von Tankern ergoß sich tonnenweise Öl in das Meer oder auf Strände, das durch Ölbekämpfungsmaßnahmen an Ort und Stelle nur teilweise aufgefangen und beseitigt werden konnte.
Eine dritte Eintragsquelle sind die zahlreichen Ölförderanlagen. Hier werden sowohl beim Bohr- und Fördervorgang als auch durch die Verwendung bestimmter Bohrhilfsmittel in den Bohrlöchern nicht nur Öl, sondern auch andere giftige Substanzen mit den Bohrschlämmen in die Nordsee abgegeben. Es ist heute bekannt, daß um jede der mittlerweile 460 Förderplattformen ein Areal von einigen Seemeilen Durchmesser praktisch als tot zu gelten hat und in Gebieten von nicht genau bezifferbarer Größe massive Schädigungen an Organismen auftreten.
Maßnahmen zur Verringerung dieser Bedrohung zielten auf die Verwendung ungiftiger Bohrschlämme und auf die Erhöhung der Schiffssicherheit, z. B. durch die Einführung von Doppelhüllen für Tanker. Diese Forderung gilt jedoch nur für neue Schiffe, und mit Doppelhüllen ausgestattete Tanker bieten letztlich auch keine ausreichende Sicherheit. Der zunehmende Einsatz von gering qualifiziertem Personal erhöht die Gefahr von Schiffsunfällen. Ein Unfall eines Riesentankers beispielsweise in der Elbmündung würde sehr weite Bereiche des nordfriesischen Wattenmeeres nachhaltig beeinträchtigen. Die Folgen für das Ökosystem wären katastrophal. Der Tourismus, ein wichtiger Wirtschaftszweig dieser Region,

würde über Jahre zum Erliegen kommen.
Zur besseren Überwachung von Ölsündern auf See werden heute Flugzeuge mit moderner Wahrnehmungstechnik eingesetzt. Seitdem ist die Verölung der Strände deutlich zurückgegangen, während zu Zeiten, als die kostenlose Ölentsorgung ausgesetzt wurde, eine Zunahme von Ölfilmen in der Nordsee beobachtet werden konnte.

Biologische Veränderungen durch Schadstoffe und Erdöl

Chronische ökologische Veränderungen sind für weite Bereiche der Nordsee nachzuweisen, und zwar für Pflanzen und Tiere, von Einzellern bis zu Seesäugern. Hier einige Beispiele:
Plankton: Bei Langzeituntersuchungen in der Nähe der Insel Helgoland ergab sich, daß die Biomasse des Planktons in den letzten 35 Jahren erheblich zugenommen hat. Die Häufigkeit großer pflanzlicher Organismen hat zugunsten kleinerer abgenommen.
Fischembryonen: Embryonen bestimmter Fischarten in einem Küstenstreifen von der dänischen über die deutsche bis zur holländischen Küste zeigten sehr hohe Mißbildungsraten. Betroffen waren u. a. Wittling und Scholle sowie Kliesche und Kabeljau. Die meisten Mißbildungen wurden Ende der 80er Jahre festgestellt, danach gingen die Schadstoffkonzentrationen, mit denen Mißbildungen in Verbindung gebracht wurden, deutlich zurück; gleichzeitig sank die Mißbildungsrate. Sie schwankte mit der Wassertemperatur. In Jahren mit niedrigen Temperaturwerten traten besonders viele Fehlentwicklungen auf.
Fischkrankheiten: Die Häufigkeit von Erkrankungen der Kliesche, des wichtigsten Indikatorfisches

in der Nordsee, bewegen sich seit Beginn der Langzeituntersuchungen Anfang der 80er Jahre ohne erkennbaren Trend auf hohem Niveau. Bestimmte Regionen sowohl in der Deutschen Bucht als auch auf der Doggerbank sowie vor der schottischen Küste weisen hohe Krankheitsraten auf. Hier scheinen außer Schadstoffen auch natürliche Faktoren eine Rolle zu spielen.

Neuere Erkenntnisse über Gefährdungen

Vor einigen Jahren entdeckten französische Forscher Deformationen an Austernschalen, meist in der Nähe von Häfen, insbesondere aber vor Yachthäfen. Eine genau geprüfte, umfangreiche Recherche ergab, daß bestimmte Substanzen, die in Schiffsanstrichen zur Verhinderung von Bewuchs eingesetzt wurden, in extrem niedrigen Konzentrationen diese Veränderungen verursachten. Es handelt sich hierbei um organische Metallverbindungen und die Substanz Tributylzinn, die Schiffsbodenanstrichen beigemischt wird. Sie ist äußerst giftig – ähnlich wie der Seveso-Giftstoff Dioxin.
Die sehr wirksamen Inhaltsstoffe von „Antifoulings“ wurden für Yachten und Schiffe bis zu einer Länge von 20 Metern international verboten. Für größere Schiffe verwendet man diese giftigen Anstriche immer noch – mit der Begründung, daß Schiffe beim Gebrauch weniger wirksamer giftiger Materialien häufiger in die Docks müßten; ein weiteres Beispiel dafür, daß wirtschaftliche Interessen Meeresumweltschutz verhindern. Es sollte berücksichtigt werden, daß solche Substanzen, wenn sie mit Meeresorganismen vom Menschen verspeist werden, auch auf diesen negativ einwirken können.

Die schädliche Wirkung einer ganzen Reihe von Substanzen, verschiedenen Schwermetallen und auch organischen Chlorverbindungen, auf Organismen werden heute in einem neuen Licht interpretiert. Man hat erkannt, daß das sensible und komplizierte Zusammenwirken von Hormonen auf vielfache Weise gestört werden kann. Hormone sind Stoffe, die über das Blut von den Drüsen, in denen sie gebildet werden, zu den für sie bestimmten Organen transportiert werden. Hier koppeln sie an Rezeptoren (Empfängermoleküle) an und erzeugen dann in den entsprechenden Zellen die erwünschten Wirkungen. Schadstoffe können in diesen Mechanismus eingreifen. Daraus kann beispielsweise eine Beeinträchtigung der Sexualentwicklung resultieren. Neuere Ergebnisse aus hochbelasteten Flußmündungen belegen, daß sich in den Geschlechtsdrüsen männlicher Flundern häufig Eizellen befinden. Nicht nur die oben genannten Schadstoffe sind für die Hervorrufung derartiger Phänomene verantwortlich zu machen, sondern auch andere spezifische Schadstoffgruppen.
Diese Erkenntnisse zeigen neue Gefahren durch alte Schadstoffe und durch solche, die bisher für harmlos gehalten wurden. Sie könnten auch für den Menschen gefährlich werden.
Seit den ersten Hinweisen, daß die Einleitung von Schadstoffen in die Nordsee sich schädigend auf die Organismen auswirken, sind einige wirksame Maßnahmen ergriffen worden, um die Schadstoffzufuhr zu verringern. Bei einigen dieser Substanzen ist ihre Konzentration inzwischen deutlich zurückgegangen.
Auf der anderen Seite weiß man, daß es weit mehr Schadstoffe in der Nordsee geben muß als die ca. acht Schwermetalle und ca. 60 organischen

Chlorverbindungen, deren Einträge inzwischen reduziert worden sind. Viele dieser Substanzen werden nicht in Organismen angereichert, so daß man sie dort auch nicht finden kann. Für den überwiegenden Teil solcher Stoffe gilt, daß die Chemiker noch nicht über Methoden verfügen, mit denen sie diese messen können. Wir registrieren zwar den Rückgang bestimmter Schadstoffkonzentrationen, können aber eine Abnahme von biologischen Schäden nicht in gleichem Maße erkennen. Das liegt möglicherweise daran, daß diese Veränderungen durch heute noch nicht identifizierte Substanzen hervorgerufen werden.
Wir müssen über weitere Schutzmaßnahmen für das Meer nachdenken. Es wäre falsch, darauf zu warten, bis Schadstoffe im Meer gefunden werden, bei denen im nachhinein nachgewiesen wird, daß sie für Fehlentwicklungen verantwortlich sind. Einfacher wäre es, mit der Vermeidung von Schäden bereits beim Produktionsprozeß zu beginnen. Die chemische Industrie muß die fortschrittlichsten Methoden zur Prüfung der Giftwirkung von allen Stoffen, mit denen sie umgeht, konsequent einsetzen. Man wüßte dann frühzeitig, welches Giftpotential diese Substanzen oder Substanzgruppen haben. Wenn nach bestimmten Regeln festgestellt wird, daß solche Schadwirkungen zu erwarten sind, sollte vorsorglich deren weitere Produktion und Verbreitung untersagt werden. Nur wenn dieser vorsorgliche Aspekt des Umweltschutzes gründlicher als in der Vergangenheit umgesetzt wird, ist die Nordsee nachhaltig geschützt. Dazu gehört natürlich auch ein sorgsamer Umgang mit den Ressourcen des Meeres: Die Fischbestände unterliegen einem ungeheuren Druck durch Überfischung.
Man muß sich bei jeder Nutzung des Meeres oder

des Küstenraumes darüber im klaren sein, daß man sich weitere Beeinträchtigungen des Lebensraumes nicht leisten kann. Ein langfristiger Erhalt dieses einzigartigen Lebensraumes wird erst dann möglich sein, wenn wir alle Bereiche der Nordsee nachhaltig nutzen.

Auf dem Weg zur ungestörten Natur: Nationalpark Wattenmeer

Adolf Kellermann

Die Nationalparke in Mitteleuropa schützen die letzten zusammenhängenden Reste von Landschaften, die im ursprünglichen Naturzustand verblieben sind oder deren Erscheinungsbild diesem nahekommt. Der Wandel von der Agrarwirtschaft zur Industriegesellschaft und die damit einhergehende Umgestaltung durch den Menschen hat nur wenige Landstriche ausgespart. Schon die frühen Nutzungsformen haben das heutige Erscheinungsbild der Landschaft nachhaltig geprägt. Nationalparke versuchen, diese Anteile ursprünglicher Wildnis als Refugien zu erhalten und ihrer natürlichen Entwicklung freien Lauf zu lassen.

Was schützt der Nationalpark Wattenmeer?

Das Wattenmeer ist eine der letzten naturnahen amphibischen Landschaften in Mitteleuropa. In seiner Ausdehnung als Wattengebiet ist es weltweit einmalig. Da es eine Übergangszone zwischen Meer und Land darstellt, laufen im Wattenmeer ökologische Prozesse ab, die für den Stoffhaushalt in den benachbarten Systemen von großer Bedeutung sind. In seiner Funktion und Leistung ist es mit Mangrovewäldern, großen Flußmündungsdeltas oder Küstenriffen vergleichbar. Gleichzeitig haben Menschen in historischen Zeiträumen das Wattenmeer sowie seine Inseln und Marschen als Siedlungsraum beansprucht und dort ihre Spuren hinterlassen. Sie ließen sich zunächst in den Küstenräumen nieder und bauten später den Küstenschutz zur Landgewinnung und Kultivierung von Marschgebieten aus. Die Spuren des Salztorfabbaus sind trotz der Jahrhunderte noch heute zu erkennen, Deiche haben das Gesicht der Küste entscheidend verändert. Daher

ist das Wattenmeer als Natur- *und* Kulturraum gleichermaßen von Bedeutung.
Die überregionale ökologische Bedeutung des Landschaftsraumes spiegelt sich besonders in seiner Funktion für Küsten- und Seevögel wider. Jahr für Jahr kommen im Frühjahr und Herbst Millionen von Zugvögeln ins Wattenmeer, um hier zu rasten und um die Nahrungsressourcen der Watten und Vorländer zur Auffüllung ihrer Energiereserven zu nutzen.
Als Rast- und Überwinterungsgebiet spielt das Wattenmeer auf dem ostatlantischen Vogelzugweg eine überragende Rolle. Von ähnlich großer Bedeutung ist seine Funktion als sommerliches Mausergebiet, z. B. für Brand- und Eiderenten. Zahlreiche Vogelarten nutzen die hohe Produktivität der Bodentiergemeinschaften für ihr Brutgeschäft, so daß der Bestand vieler Vogelarten vom Bruterfolg im Gebiet gesteuert wird. Schließlich sind das Wattenmeer und die vorgelagerten Teile der Nordsee Heimat großer Bestände von Seehunden, Kegelrobben und Schweinswalen. Daraus leitet sich eine Verantwortung nicht nur auf regionaler Ebene, sondern auch im internationalen Maßstab zur Erhaltung der Lebensgrundlagen für Flora und Fauna ab.

Wovor schützen Nationalparke?

Das Wachstum der Weltbevölkerung führt zu einem immer größeren Druck auf noch unberührte oder unbewohnte Teile unseres Planeten. Häfen und Seewege als Zentren und Lebensadern von Handel und Wirtschaft sowie der Nahrungsreichtum des Meeres haben dazu beigetragen, daß heute etwa zwei Drittel der Menschen an den Küsten versammelt sind. Küstenökosysteme sind

Auf dem Weg zur ungestörten Natur: Nationalpark Wattenmeer

Das Wattenmeer mit seinen Salzwiesen ist eine der letzten naturnahen Landschaften Mitteleuropas. In seiner Ausdehnung ist es einmalig und von überragender ökologi-

scher Bedeutung. Im Hintergrund steht auf einer Warft der Leuchtturm Westerheversand.

daher diesem Druck besonders stark ausgesetzt. Aber nicht nur die wirtschaftliche Bedeutung, sondern auch der ästhetische Reiz der Küsten für den erholungsuchenden Menschen hat an Bedeutung gewonnen. Hinzu kam die Abgeschiedenheit der dünn besiedelten Küstenstriche, die viele Urlauber anzog. In der Folge wurden sie systematisch erschlossen und damit ihrer ursprünglichen Attraktivität beraubt.

Das Wattenmeer, seine Inseln und Festlandsküsten sind bislang, von einigen Ausnahmen abgesehen, von den Auswüchsen der Tourismusbranche weitgehend verschont geblieben. Die Begehrlichkeiten zur Schaffung einer entsprechenden Infrastruktur sind zweifellos vorhanden, und es vergeht kaum eine Sommersaison, in der nicht die Kapazitäten des Schiffsverkehrs oder der Wassersporteinrichtungen erweitert werden.

Nationalparke und andere Gebiete mit Vorrang für den Naturschutz sind nicht nur für den Erhalt der Natur um ihrer selbst willen da. Das Erlebnis von Wildnis, die Begegnung mit ihrer Weite und Freiheit gehören zu den elementaren Bedürfnissen des modernen Großstadtmenschen. Das Vorsorgeprinzip fordert, kommenden Generationen zumindest den natürlichen Reichtum zu vererben, den wir von unseren Eltern übernommen haben.

Mensch und Natur sind gleichermaßen auf eine funktionierende Umwelt angewiesen: Naturressourcen erneuern sich nur in einer intakten natürlichen Umgebung für eine dauerhafte menschliche Nutzung, Ökosysteme behalten ihre Regenerationsfähigkeit nur bei einer jeweils spezifischen Mindestgröße.

Küstenökosysteme sind für die Wirtschaft der Länder und für den globalen Wasser- und Stoffhaushalt gleichermaßen wichtig. Unter dem wachsenden Erschließungsdruck werden daher weltweit Anstrengungen unternommen, um die noch im Naturzustand belassenen Küstenstriche und Feuchtgebiete unter Schutz zu stellen und funktionstüchtig zu erhalten. Die Akzeptanz solcher Maßnahmen in der Öffentlichkeit ist um so größer, je weiter ihre Umsetzung entfernt ist; die Forderung nach der Erhaltung des Regenwalds trifft bei Westeuropäern auf offene Ohren, zumal die plausibel scheinende Funktion dieser Gebiete für das Weltklima bekannt ist. Dagegen kann die Ausweisung von Schutzgebieten vor der eigenen Haustür auf breiten Widerstand stoßen.

Anlässe zur Besorgnis

Jeder Eingriff des Menschen, sei es durch Dämme, Sandvorspülungen oder Muschelfischerei, hat im stark von Strömungen beherrschten Wattenmeer weitreichende Wirkungen, die sich auch an entfernten Stellen zeigen können. Durch Bedeichung und Begradigung ist das Wattenmeer teilweise drastisch verkleinert worden. Eine natürliche Anpassung an wechselnde Meeresspiegel durch neue Watt- oder Feuchtgebiete landwärts ist nicht mehr möglich. Die Turbulenz vor den Deichen nimmt zu und verschärft die Erosions- und Umlagerungsprozesse der Sedimente in den Wattflächen. Diese Veränderungen gehen eindeutig auf menschliche Eingriffe zurück und bestimmen die Rahmenbedingungen für das Geschehen im Ökosystem.
Stellt man die Frage nach der Qualität des Wattenmeeres und meint seinen Zustand im Sinne ökologischen Wohlergehens, darf man nicht nur den aktuellen Zustand betrachten, sondern muß ihn in historischer Perspektive sehen. Auch

Der Kniepsand vor Amrum, eine riesige „Sandbank“, geformt von Wind und Wellen. Dem Krabbenkutter folgen Möwen, die auf Fischereiabfälle warten.

Lebensqualität für den Menschen wird gern mit früheren Standards verglichen.
Eine ganze Reihe früherer tierischer Bewohner oder Saisongäste im Wattenmeer ist selten geworden oder muß für das Gebiet als ausgestorben gelten. Der Nordseeschnäpel, Stör, Rochen sowie die Europäische Auster und die Sandkoralle sind nur einige spektakuläre Beispiele. Fischerei, verbaute Flußmündungen und Verschmutzung zusammen mögen die Ursache für diese Verluste sein. Gegenwärtig erleben wir den Rückgang der Seegraswiesen im gesamten Wattenmeer, der zuerst im niederländischen und später auch im niedersächsischen Wattenmeer registriert wurde. Letzte größere Bestände finden sich derzeit nur noch im schleswig-holsteinischen Teil. Miesmuschelbänke, die zu den wenigen stabilen Lebensgemeinschaften im dynamischen Wattenmeer gehören, sind im niederländischen Teil kaum noch in nennenswerten Beständen anzutreffen. Jüngstes Beispiel der Bedrohung einer Art ist das Verschwinden der Wellhornschnecke, zumindest im westlichen Wattenmeer, ausgelöst durch den Schadstoff Tributylzinn.
Dem Verlust dieser Arten und Lebensräume steht die Einschleppung neuer Arten aus anderen Teilen der Erde gegenüber. Vornehmlich durch transatlantischen Schiffsverkehr (Ballastwasser, Bewuchs an Schiffswänden) oder durch gezielte Ansiedlung haben sich zahlreiche Pflanzen und Tiere im Wattenmeer ausgebreitet und erfolgreich behauptet.
In den 20er Jahren des 20. Jahrhunderts wurde Schlickgras aus amerikanisch-europäischen Kreuzungen zur Förderung der Verlandung angepflanzt und hat sich seither selbständig und breit gemacht. Planktonalgen aus dem Pazifik, Bohrmuscheln, Pantoffelschnecken, Gestutzte Sandklaffmuscheln und – als jüngster Neuankömmling

von der amerikanischen Ostküste – die Gerade Schwertmuschel gehören zu den heute häufigen oder vorherrschenden Arten. Seit ein paar Jahren nun hat sich entgegen allen Prognosen bei der Einrichtung der Kulturen auch die Pazifische Felsenauster in den schleswig-holsteinischen Watten etabliert. Zusammenfassend läßt sich sagen, daß sich das Artenspektrum im Wattenmeer während der letzten 100 Jahre deutlich verändert hat.
Nun sind Veränderungen im Ökosystem Teil des natürlichen Geschehens, gehen langsam vonstatten und geben nicht notwendigerweise Anlaß zur Besorgnis. Verschwundene Arten könnten sich durchaus wieder einstellen, wenn sie wieder geeignete Lebensbedingungen vorfinden. Das geschieht allerdings nur, wenn ihre ökologischen Nischen nicht schon besetzt sind.
Gibt es überhaupt einen akuten Anlaß zur Besorgnis um das Wattenmeer? Sind nicht Schadstoffbelastungen und Nährstoffkonzentrationen seit ein paar Jahren rückläufig oder zumindest konstant? Forschungen und regelmäßige Überwachung haben in den vergangenen Jahren oft gezeigt, daß es keinen Grund zur Entwarnung gibt. Der Seehundbestand hat sich zwar seit dem Massensterben 1988 deutlich erholt, jedoch zeigen immunologische Studien, daß die Anzahl der gegen das Staupevirus (PDV) resistenten Tiere in der Population altersbedingt rückläufig ist. Ein erneutes Aufflammen der Seuche in vergleichbarer Situation wird daher immer wahrscheinlicher, zumal die Schadstoffbelastung nur qualitativ anders, insgesamt aber nicht geringer geworden ist. Schadstoffe gelangen nach wie vor über die Atmosphäre, über Flüsse und aus dem Sediment, wo sie nur zwischengelagert sind, in das Wattenmeer. Jüngste Beispiele sind das aus Schiffsanstri-

chen austretende Tributylzinn, das zu Unfruchtbarkeit bei bestimmten zweigeschlechtlichen Schnecken führt, und synthetische Hormone, die unabsehbare Auswirkungen auf das System haben können. Nationalparke sind zwar kein wirksamer Schutz gegen solche externen Belastungen, jedoch mindern sie das Restrisiko durch die verbleibenden, mittelfristig vielleicht reversiblen Auswirkungen der übrigen Eingriffe.

Drei Nationalparke im Wattenmeer

Nach dem Bundesnaturschutzgesetz ist der Nationalpark die höchste Schutzkategorie für einen Landschaftsraum. Der Schutzauftrag, der mit der Ausweisung verbunden ist, ist von den einzelnen Bundesländern mit ähnlicher Zielsetzung, im Detail aber unterschiedlich umgesetzt. Die Bundesländer Hamburg und Schleswig-Holstein haben ihre Nationalparke auf der Grundlage von Landesgesetzen eingerichtet, Niedersachsen hat seinen Nationalpark durch eine Verordnung geschaffen. Neben solch formalen Unterschieden, die im Verwaltungsalltag durchaus spürbar sein können, gib es jedoch prinzipielle Unterschiede.
So sind in Niedersachsen die vorgelagerten Inseln in den Nationalpark einbezogen, was den vollständigen Schutz des Ökosystems mit Stränden, Dünen, Heide und Feuchtgebieten ermöglicht.
Allen drei Nationalparken gemeinsam ist die Zielsetzung einer weitgehend ungestörten natürlichen Entwicklung, die auf der weiten Fläche zugelassen werden soll. Gemeinsam ist ihnen auch das Gebot, den Naturschutz mit den berechtigten Interessen der Menschen, die dort seit Generationen wohnen und wirtschaften, abzuwägen.
Die Bemühungen um den Schutz dieser großarti-

gen Landschaft beschränken sich nicht nur auf den deutschen Teil und auf die nationale Ebene. Seit 1978 besteht eine Zusammenarbeit mit den anderen beiden Anrainerstaaten des Wattenmeeres, Dänemark und den Niederlanden. Das Ziel dieser trilateralen Kooperation ist es, eine abgestimmte, gemeinsame Schutzpolitik zu betreiben, die den Erhalt des Wattenmeeres als ökologische Einheit in seiner gesamten Fläche anstrebt. Die Entwicklung in der Natur macht vor politischen Grenzen nicht halt, so daß es nur konsequent ist, zusammenzuarbeiten, will man diese schützen.
Die trilaterale Zusammenarbeit hat in den vergangenen Jahren viel für das Wattenmeer erreicht. So ist die Jagd als willkürliche Regulierungsmaßnahme größtenteils aus dem Wattenmeer verschwunden. Die zunehmend industrialisierte, multinationale Muschelfischerei unterliegt inzwischen in zwei der drei Partnerstaaten einer kontrollierten Nutzungsregelung. Überwachungs- und Forschungsprogramme im gesamten Wattenmeer sind nun weitgehend aufeinander abgestimmt und vergleichbar.
Dennoch bleiben viele Fragen offen: Wie lassen sich Schadstoff- und Nährstoffeinträge ins Wattenmeer wirksam begrenzen oder, noch besser, drastisch vermindern? Welche Antworten können Küstenschutz und Wasserwirtschaft auf einen drohenden Klimawandel und den damit einhergehenden Anstieg des Meeresspiegels geben, ohne die natürliche Antwort des Systems auf solchen Wandel außer acht zu lassen? Die globale Skala dieser Probleme fordert die Zusammenarbeit des Naturschutzes und der Natur- und Ingenieurswissenschaften über die nationale Ebene hinaus.

Auf der Seehund-Sandbank ist ungestörte Ruhe nötig, damit die Tiere ihre Babys zur Welt bringen und säugen sowie ihr Haarkleid erneuern können.

Welchen Schutz braucht die natürliche Entwicklung in einem dynamischen System?

Das Wattenmeer ist nach geologischen Maßstäben ein junges System, das im Laufe seiner Geschichte stets Veränderungen unterworfen war. So ist der Wandel im Watt – nicht nur mit den Gezeiten – an der Tagesordnung. Als amphibisches Küstenökosystem im Übergang zwischen Land und Meer unterliegt es Veränderungen, die auf dem Land und im Meer unterschiedlich ablaufen. Landseitig werden langfristige Veränderungen von starken kurzzeitigen Schwankungen überlagert. Im Ozean dagegen dämpfen die große Wärmekapazität des Wassers und seine stetige Zirkulation die kurzfristige Veränderlichkeit. Im Wattenmeer treffen diese Unterschiede aufeinander und wechseln sich im Rhythmus der Gezeiten ab: Bei Niedrigwasser gleicht es einem landgebundenen Lebensraum, bei Flut verhält es sich ähnlich wie ein seichtes Küstenmeer. Physikalische Faktoren wie Sonneneinstrahlung, Niederschlag und Wind beherrschen die saisonale Dynamik des Ökosystems und beeinflussen langfristige Veränderungen. Langanhaltende sommerliche Ostwindlagen, Eiswinter und Sturmfluten können das Landschaftsbild und die Struktur des Ökosystems sichtbar verändern, und ihre Folgen sind über längere Zeiträume zu erkennen.

Die wirbellose Bevölkerung der Watten und des Wassers ist an solchen Wandel angepaßt. Mit Katastrophen gleichsam aufgewachsen und einer Vielzahl hungriger Räuber ausgesetzt, folgt sie meist dem Überlebensrezept jeder Pioniergesellschaft: geringe Ansprüche an Standort und Sediment, kurze Lebensdauer bei schnellem Wachstum und hohe Resistenz gegenüber extremen

Schwankungen von Temperatur und Salzgehalt. Besonders bedeutsam ist jedoch die Fähigkeit, ungeheure Mengen an frei driftenden Nachkommen zu produzieren, die auch dann noch zahlreich genug sind, weite Flächen neu zu besiedeln, wenn selbst der hungrigste Räuber satt ist. Die stabilen Lebensräume im Watt sind an einer Hand abzuzählen. Miesmuschelbänke, vor allem solche nahe der Niedrigwasserlinie, Sandkorallenriffe, Seegraswiesen und Steingründe – im Wattenmeer nur an wenigen Standorten zu finden – sind Strukturbildner, die eine besondere Fauna beherbergen und die zugleich verläßliche Ressourcen in Zeiten der Knappheit für Fische und Seevögel sind.

Vor diesem Hintergrund wird klar, daß Schutz nicht im Sinne, wie es Karsten Reise formuliert hat, „musealen Bewahrens" eines – ohnehin kaum vorhandenen – ökologischen Gleichgewichts verstanden werden kann. Ebensowenig kann es darum gehen, ob einzelne Arten im Rückgang begriffen sind oder verschwinden. Die „Rote Liste" seltener oder bedrohter Arten ist nicht das Maß aller Dinge, wenn es um den Schutz von Lebensräumen geht. In Einzelfällen mag eine besondere Verantwortung darin liegen, daß sich ganze Populationen einer Art zu bestimmten Zeiten im Nationalpark aufhalten, wie es bei der Brandente der Fall ist. Aber auch bei dieser Vogelart ginge konservativer, rein auf die Erhaltung bestehender Verhältnisse abzielender Schutz ins Leere: Der Schwerpunkt ihrer Rast- und Mausergebiete hat sich im letzten Jahrzehnt von den Wurster Watten südlich der Elbmündung im niedersächsischen Nationalpark nach Norden in die schleswig-holsteinischen Wattgebiete des südlichen Dithmarschen verschoben. Der Schutz eines im ständigen Wandel begriffenen Ökosystems fordert Räume, in denen es sich in seiner ganzen Vielfalt und auf der ganzen Bandbreite zwischen Katastrophe und Regeneration entwickeln kann, in denen sich natürliche Prozesse vollständig und ungestört entfalten können. Der zeitweilige Verlust von Arten oder sogar Lebensräumen kann dabei in Kauf genommen werden, solange er Teil des Naturgeschehens und nicht auf menschliches Einwirken zurückzuführen ist.

Die Kernzonen der Wattenmeer-Nationalparke sollten aus Naturräumen bestehen, die die ganze Bandbreite des Ökosystems abbilden. Natürliche Einheiten sind z. B. die Tidebecken als Einzugsgebiete der großen Wattströme. Sie erfüllen eine Reihe von Anforderungen, die an solche Kernzonen zu stellen sind, und sind daher kleinräumigen Zonen vorzuziehen. Nur Tidebecken umfassen die natürliche Spannweite des Landschaftsraums von der Salzwiese bis zum Ebbstromdelta mit ihrer jeweils besonderen Bedeutung für die im Wattenmeer ablaufenden biologischen Prozesse.

Nationalparke sind nach dem Bundesnaturschutzgesetz rechtsverbindlich festgelegte, einheitlich zu schützende Gebiete. Das Gebot, zwischen Schutzziel und Nutzungsinteresse abzuwägen, führt aber zu einer räumlichen Differenzierung; dort, wo Schutzbedarf und Nutzungsbedarf aufeinandertreffen, kann das Ergebnis der Abwägung ein Raum mit Vorrang für den Naturschutz sein, die Nutzung kann außerhalb einer solchen Vorrangzone stattfinden, wenn dort keine unmittelbare oder mittelbare Bedrohung von Naturgütern zu erwarten ist. Die Zonierung, wie sie in allen Wattenmeer-Nationalparken festgelegt ist, kann daher ein ausgewogenes Verhältnis zwischen dem Schutzziel und den Nutzungsinteressen erreichen.

Obwohl das Wattenmeer vielfach schwer zugänglich ist, gibt es in der Praxis trotz großflächiger Kernzonen kaum ein Fleckchen Nationalpark, das nicht zumindest mittelbar von Nutzung betroffen ist. Ein umfassender Ökosystemschutz erfordert daher prinzipiell störungs- und nutzungsfreie Bereiche, die die Selbstorganisation der Natur ermöglichen, die eine vom Menschen weitestgehend unbeeinflußte Entwicklung sichern und die Strukturvielfalt und Dynamik aller natürlichen Prozesse gewährleisten. Solche Gebiete, aus denen sich der Mensch bewußt zurückzieht, sind angesichts weltweiten Naturverbrauchs und großräumiger Zerstörung von Landschaften von geradezu vitalem Interesse für künftige Generationen. Sie sind die Kernräume für eine Regeneration der Natur und zugleich ökologische Vergleichsräume, die Entfaltungsmöglichkeiten für Gemeinschaften und Prozesse bieten und in denen Auswirkungen von Schad- und Nährstoffeinträgen sauber von anderen Eingriffen getrennt werden können.

Wohin führt der Weg zur ungestörten Natur?

Soll nicht der Weg selbst das Ziel sein, bedarf es einer wenigstens skizzenhaften Vorstellung über das anzustrebende Naturgut, eines Leitbildes, dem es gilt, sich zu nähern, so gut es geht. Ein solches Leitbild kann aus wissenschaftlich erarbeiteten Grundlagen, z. B. aus dem Ökosystemverständnis abgeleitet werden. Seine Bewertung ist jedoch das Ergebnis gesellschaftlicher Entscheidungsfindung anhand erwünschter oder unerwünschter Normen. Es gilt also, ein Bild zu entwerfen, das der Vorstellung von einer Naturlandschaft nahekommt und mit dem sich zugleich Besucher und Einheimische identifizieren können. Solche Zielvorstellungen können von ästhetischen Ideen geprägt sein und sich an einem vorindustriellen Zustand orientieren, der vermeintlich ungestörter war. Das Gegenbild wäre ein Szenario mit einer Skyline von Hotels entlang der Inselküsten, vor denen sich Schwärme von Jetskis, Wasserskiläufern, Fallschirmgleitern und Motorbooten tummeln. Dies mag vordergründig im Sinne von Wachstum und Steuereinnahmen positiv sein, läuft jedoch den Vorstellungen des Naturschutzes und der Menschen, die es Jahr für Jahr zur Erholung an die Wattenmeerküste zieht, zuwider. Das, was die Badegäste am Wattenmeer schätzen, nämlich die gute Luft, die Weite und das Erlebnis von Natur, läßt sich hervorragend mit den Schutzzielen der Nationalparke vereinbaren!

Die Annäherung an ein Leitbild kann über den Vergleich mit dem historisch belegbaren Szenario einer Naturlandschaft erfolgen, in der alle Prozesse vollständig ungestört ablaufen. Dies bedeutet nicht, daß die geschichtliche Entwicklung umkehrbar ist. Vielmehr zeigt dieser Vergleich aktuelle Defizite und Verluste auf. Der Versuch einer Rückführung in solche historischen Zustände stößt auf Grenzen und muß scheitern. Diese Grenzen sind unverrückbare Rahmenbedingungen des anzustrebenden Leitbildes für das Wattenmeer. In erster Linie sind es die Befestigung der Küstenlinie durch Deiche und die dazugehörigen Maßnahmen der Wasserwirtschaft, da sie dem Schutz der Menschen dienen. Es gibt aber auch Grund zu der Annahme, daß Begradigung und Verbau der Küstenlinie und der Wegfall von Überflutungsräumen den Stoffhaushalt und die Dynamik des Wattenmeeres nachhaltig beeinflußt haben. Zusammen mit der bereits erwähnten Einleitung von Nährstoffen in jüngerer Zeit mag dies

zu den Verschiebungen in Flora und Fauna geführt haben, wie wir sie heute anhand historischer Daten dokumentieren können.
Um sich dem Leitbild anzunähern, dürfen in Zukunft keine Eingriffe mehr erfolgen, die auf lange Sicht unumkehrbar sind. Konkret bedeutet dies, daß z. B. keine neuen Eindeichungen vorgenommen oder Dämme gebaut werden sollten, solange es nicht aus Gründen der Sicherheit für die Bewohner unabwendbar ist. Die zentrale Forderung ist die nach einer Einrichtung von Kernzonen in Tidebecken, die von Ressourcennutzung, etwa durch Sedimententnahme oder Fischerei, vollständig frei sein muß, um wenigstens in solchen Flächen einer ungestörten Natur nahezukommen.
Das schleswig-holsteinische Nationalparkgesetz wurde im Dezember 1999 nach einer langen und intensiven Phase öffentlicher Diskussion novelliert. Damit ist der Nationalpark in diesem Bundesland auf dem Weg zu diesem Leitbild einen Schritt vorangekommen.

Adressen

Nationalparkverwaltungen

Internationales Wattenmeer-sekretariat (CWSS)
Virchowstr. 1
26382 Wilhelmshaven
Tel.: (04421) 91 08-0
Fax: (04421) 91 08-30
marencic@cwss.whv.net
http://cwss.www.de

Landesamt für den Nationalpark Schleswig-Holsteinisches Wattenmeer
Schloßgarten 1
25832 Tönning
Tel.: (04861) 61 60
Fax: (04861) 616 69
info@nationalparkamt.de
www.
wattenmeer-nationalpark.de

Nationalparkverwaltung Niedersächsisches Wattenmeer
Virchowstr. 1
26382 Wilhelmshaven
Tel.: 04421) 91 10
Fax: (04421) 91 12 80
Poststelle@br-we-whv.
niedersachsen.de
http://www.
muniedersachsen.de/
nationalparke/index.html

Umweltbehörde Hamburg Nationalparkverwaltung Hamburgisches Wattenmeer
Billstr. 84
20539 Hamburg
Tel.: (040)4 28 45 39 45/2105
Fax: (040) 4 28 45 25 79

Umwelt- und Naturschutzverbände

Bund für Umwelt und Naturschutz Deutschland (BUND)
Am Köllnischen Park 1
10179 Berlin
Tel.: (030) 275 86 40
Fax: (030) 275 864 40
bund@bund.net
www.bund.net

Greenpeace Deutschland e. V.
22745 Hamburg
Tel.: (040) 30 61 80
Fax: (040) 30 61 81 00
mail@greenpeace.de
www.greenpeace.de

Mellumrat e. V.
Zum Jadebusen 8–10
26316 Varel
Tel.: (04451) 841 91

Naturschutzbund Deutschland (NABU)
Herbert-Rablus-Str. 26
53225 Bonn
Tel.: (0228) 403 60
Fax: (0228) 403 62 00
Nabu@Nabu.de
www.nabu.de

Naturschutzbund Deutschland (NABU) Geschäftsstelle Schleswig-Holstein
Karlstr. 169
24537 Neumünster
Tel.: (04321) 537 34
Fax: (04321) 59 81
Nabu.SH@t-online.de
www.Nabu-SH.de

Naturschutzgesellschaft Schutzstation Wattenmeer e. V.
Geschäftsstelle
Grafenstr. 23
Tel.: (04331) 236 22
Fax: (04331) 252 46
info@schutzstation wattenmeer.de
www.schutzstation-wattenmeer.de

Umweltstiftung WWF-Deutschland (Zentrale)
Reepstöcker Str. 55
60326 Frankfurt
Tel.: (069) 79 14 40
Fax: (069) 71 62 21
info@wwf.de
www.wwf.de

Verein Jordsand
Haus der Natur
Wulfsdorf
22962 Ahrensburg
Tel.: 04102) 326 56
Fax: (04102) 319 83
info@jordsand.de
www.jordsand.de

WWF-Fachbereich Meere und Küsten
Ökologiestation
Am Güthpol 11
28757 Bremen
Tel.: (0421) 658 46 10
Fax: (0421) 658 46 12
bremen@wwf.de
www.wwf.de

WWF-Fachbereich Meere und Küsten
Projektbüro Wattenmeer
Norderstr. 3
25813 Husum
Tel.: (04841) 620 73
Fax: (04841) 47 36
husum@wwf.de
www.wwf.de

Informationseinrichtungen Nationalparke Niedersächsisches und Hamburgisches Wattenmeer (von West nach Ost)

Nationalpark-Schiff „Feuerschiff Borkumriff"
Am Neuen Hafen
26757 Borkum
Tel.: (04922) 20 30
Fax: (04922) 99 04 10
isbr@gmx.de
www.borkumnet.de/homepage/borkumriff

Nationalpark-Haus Juist
Carl-Stegmann-Str. 5
26571 Juist
Tel.: (04935) 15 95
NLPH.Juist@t-online.de
www.nationalparkhaus-juist. de

Nationalpark-Haus Greetsiel
Schatthauser Str. 6
26736 Krummhörn-Greetsiel
Tel.: (04926) 20 41
Fax: (04926) 23 03
nationalparkhaus.greetsiel@freenet.de

Seehundaufzucht- und Forschungsstation
Dörper Weg 22
26506 Norden-Norddeich
Tel.: (04931) 89 19
Fax: (04931) 822 24
www.seehundstation-norddeich.de

Nationalpark-Zentrum Norden-Norddeich
Dörper Weg 22
26506 Norden-Norddeich
Tel.: (04931) 816 35
Fax: (04931) 822 24
ealbers@nationalparkzentrum-norddeich.de
www.nationalparkzentrum-norddeich.de

Nationalpark-Haus Norderney
Am Hafen
26548 Norderney
Tel.: (04932) 20 01
Fax: (04932) 92 02 22
nph.norderney@t-online.de
www.norderney.de

Nationalpark-Haus Baltrum
Haus Nr. 177
26579 Baltrum
Tel.: (04939) 469
Fax: (04939) 99 00 27
nipe.baltrum@gmx.de

Nationalpark-Haus Dornumersiel
Oll Deep 7
26533 Dornumersiel
Tel.: (04933) 15 65
Fax: (04933) 84 04
bund-nordseehaus@nwn.de
www.nationalparkhaus.dornumersiel.de

Nationalpark-Haus Carolinensiel
Pumphusen 3
26409 Wittmund-Carolinensiel
Tel.: (04464) 84 03
Fax: (04464) 94 20 63
nationalpark.carolinensiel@t-online.de

Nationalpark-Haus Wangerooge »Rosenhaus«
Friedrich-August-Str. 18
26480 Wangerooge
Tel.: (04469) 83 97
Fax: (04469) 702 99
nationalparkhaus.
wangerooge@t-online.de
www.
nationalparkhaus-wangerooge.de

Nordseehaus Minsen mit Wattenmeer-Ausstellung im Gästehaus Minsen
Kirchstr. 9
26434 Wangerland
Tel.: (04426) 90 47 00
Fax: (04426) 90 47 09
Nordseehaus-Wangerland@
t-online.de
www. nordseehaus-wangerland.de

Nationalpark-Zentrum Wilhelmshaven
Südstrand 1108
26382 Wilhelmshaven
Tel.: (04421) 910 70
Fax: (04421) 91 07 12
NLPZWHV@Ast.com

Nationalpark-Haus Dangast
Zum Jadebusen 179
26316 Varel-Dangast
Tel.: (04451) 70 58
Fax: (04451) 70 78
nationalparkhaus@dangast.
com

Nationalpark-Haus Fedderwardersiel
Am Hafen 4
26969 Butjadingen
Tel.: (04733) 85 17
Fax: (04733) 85 50
nlph.museum.
fed-siel@nwn.de

Nationalpark-Haus Land Wursten
Am Kutterhafen
27632 Dorum-Neufeld
Tel.: (04741) 28 26
Fax: (04741) 18 02 47
Nationalpark-Haus Land
Wursten@t-online.de

Umweltbehörde Hamburg Nationalparkstation
Turmwurt
27498 Insel Neuwerk
Tel.: (04721) 692 17
Fax: (04721) 288 60
nphw.neuwerk@t-online.de

Verein Jordsand Infozentrum
Turmwurt
27498 Insel Neuwerk
Tel.: (04721) 285 94

Nationalpark-Zentrum Cuxhaven
Hans-Claußen-Str. 19
27476 Cuxhaven
Tel.: (04721) 286 81
Fax: (04721) 692 45
info@national-
park-wattenmeer-cuxhaven.de
www.Nationalpark-Wattenmeer-Cuxhaven.de

Informationseinrichtungen Nationalpark Schleswig-Holsteinisches Wattenmeer (von Süd nach Nord)

Seehundstation Friedrichskoog
An der Seeschleuse 4
25718 Friedrichskoog
Tel.: (04854) 13 72
Fax: (04854) 92 31
Seehundstation Friedrichskoog@-online.de
www.seehundstation-friedrichskoog.de

Nationalpark-Infozentrum
Koogstraße
25718 Friedrichskoog
Tel./Fax: (04854) 10 06

Schutzstation Wattenmeer
Am Hafen
25718 Friedrichskoog
Tel.: (04854) 16 48

Nationalpark-Infozentrum Wattwurm
Speicherkoog
25704 Meldorf
Tel./Fax: (04832) 62 64

Nationalpark-Infozentrum
Altes Schleusenhaus
25761 Büsum
Tel./Fax: (04834) 63 75

Schutzstation Wattenmeer
Kurmittelhaus/Südstrand 5
25761 Büsum
Tel.: (04834) 90 91 40

Multimar Wattforum
Am Robbenberg
25832 Tönning
Tel.: (04861) 962 00
Fax: (04861) 96 20 10
info@multimar-wattforum.de
www.multimar-wattforum.de

NationalparkService GmbH
Schloßgarten 1
25832 Tönning
Tel.: (04861) 616 70
Fax: (04861) 616 79
zentrale@nationalpark-service.de
www.Nationalpark-Service.de

Naturzentrum Katinger Watt Lina-Hähnle-Haus
Katingsiel 14
25832 Tönning
Tel.: (04862) 80 04
Fax: (04862) 173 93
NABU-Zentrum-KatingerWatt@t-online.de

Schutzstation Wattenmeer
Am Wellenbad
25826 St. Peter-Ording
Tel.: (04863) 5303, 70 31 60

Schutzstation Wattenmeer Außenstelle Westerhever
Am Leuchtturm/Südhaus
25881 Westerheversand
Tel.: (04865) 298

Nordfriesisches Museum Nissenhaus
Herzog-Adolf-Str. 25 a
25813 Husum
Tel.: (04841) 25 45
Fax: (04841) 632 80
nf-museum. nissenhaus@gmx.de

Schutzstation Wattenmeer
Außenstelle Schobüll/
Außenstelle JH Husum
Schobüller Str. 34
25813 Husum
Tel.: (04841) 654 75

Kurzentrum Uthlande/
Nordstrand
erreichbar über:
Herrendeich 40
25845 Nordstrand
Tel.: (04842) 519

Nationalpark-Infozentrum
Kurzentrum Norderhafen
25845 Nordstrand
Tel./Fax: (04842) 80 09

Schutzstation Wattenmeer
Anton-Heinrich-Haus
25849 Pellworm
Tel.: (04844) 760

Schutzstation Wattenmeer
Wattenmeerhaus Hooge
Hanswarft
25859 Hallig Hooge
Tel.: (04849) 229

Naturzentrum Nordfriesland
Bahnhofstraße 23
25821 Bredstedt
Tel.: (04614) 45 55

Schutzstation Wattenmeer
Informationsstelle Rixwarft
Rixwarft (erreichbar über
Wattenmeerhaus)
25836 Hallig Langeneß
Tel.: (04684) 216

Schutzstation Wattenmeer
Wattenmeerhaus Langeneß
Peterswarft
25863 Hallig Langeneß
Tel./Fax: (04684) 216

Verein Jordsand
25842 Schlüttsiel
Tel.: (04674) 229

Schutzstation Wattenmeer
Amrum
Kurverwaltung/Mittelstr. 34
25946 Wittdün/Amrum
Tel.: (04682) 27 18

Nationalpark-Infozentrum
Amrum
Naturzentrum
25946 Norddorf/Amrum
Tel.: (04682) 16 35

Nationalpark-Infozentrum
Föhr/Amrum im Umweltzentrum
Sandwall 38
25983 Wyk/Föhr
Tel.: (04681) 50 16 64
Fax: (04681) 984

Nationalpark-Infozentrum
Wyk/Föhr
Rathaus
25983 Wyk/Föhr
Tel.: (04681) 42 90
Fax: (04681) 984

Schutzstation Wattenmeer
Umweltzentrum Föhr
Sandwall 38
25938 Wyk/Föhr
Tel.: (04681) 35 56, 13 13
Fax: (04681) 50 10 18

Nebenstelle Badestraße
Außenstelle Föhrer Vorland
erreichbar über:
Tel.: (04681) 13 13

Naturkundemuseum Niebüll
Hauptstr. 108
25899 Niebüll
Tel.: (04661) 56 91

Infozentrum Wiedingharde
Toft 1
25924 Klanxbüll
Tel.: (04668) 313

Schutzstation Wattenmeer
Kuno-Ehlfeldt-Haus
Steintal/Rantumer Straße
25997 Hörnum/Sylt
Tel./Fax: (04651) 88 10 93

Außenstelle Jugenderholungsheim Puan Klent
Hörnumer Str. 83
25980 Rantum/Sylt
Tel.: (04651) 96 44 21

Außenstelle ADS-Heim
Hafenstraße
25980 Rantum/Sylt
Tel.: (04651) 92 61 70

Außenstelle Schöpfwerk Keitum
erreichbar über Hörnum

Verein Jordsand
Eidum-Vogelkoje
25980 Rantum/Sylt
Tel.: (04651) 58 12

Naturzentrum Braderup
M.-T. Buchholz Stig 1
25996 Wenningstedt/Sylt
Tel.: (04651) 444 21

Becker, G. A., A. Frohse und P. Damm: The northwest European shelf temperature and salinity variability. Dt. Hydrogr. Zeitschr., H. 2/3, 1997

Boetius, M.: De Cataclysmo Nordstrandico. Schleswig 1623, Neuausgabe Neumünster 1940

Biologische Anstalt Helgoland (Hrsg.): SWAP – Sylter Wattenmeer Austauschprozesse. Hamburg 1996

Buchwald, K.: Nordsee, ein Lebensraum ohne Zukunft? Göttingen 1990

Bundesamt für Seeschiffahrt und Hydrographie, BSH (Hrsg.): Gezeitenkalender der Nordsee. Hamburg jährlich

Defant, A.: Ebbe und Flut des Meeres, der Atmosphäre und der Erdfeste. Verständliche Wissenschaft, Bd. 49, Berlin, Heidelberg, New York 1953

Der Rat von Sachverständigen für Umweltfragen (Hrsg.): Umweltprobleme der Nordsee, Sondergutachten. Stuttgart, Mainz 1980

Deutscher Verband für Wasserwirtschaft und Kulturbau e. V. (Hrsg.), Kramer, J. und H. Rohde (Bearbeiter): Historischer Küstenschutz. Stuttgart 1992

Dittmann, S. (Hrsg.): The Wadden Sea Ecosystem – Stability Properties and Mechanisms. Berlin, Heidelberg, New York 1999

Erchinger, H. F.: Ostfrieslands Naturlandschaften Dünen, Watt und Salzwiesen, Schutz und Erhaltung von Küste und Inseln, Tier- und Pflanzenwelt. Norden 1985

Fischer, O.: Hydrograhie des Küstengebietes. In: F. Müller und O. Fischer: Das Wasserwesen an der schleswig-holsteinischen Nordseeküste. Dritter Teil: Das Festland, Bd. 7, Berlin 1955

Gätje, C. und K. Reise (Hrsg.): Ökosystem Wattenmeer: Austausch-, Transport- und Stoffumwandlungsprozesse. Berlin 1998

Gelpke, N. K. (Hrsg.): Unendliches Meer: Zerstörung des marinen Ökosystems – wirtschaftliche, politische, ökologische und kulturelle Hintergründe. Ökozid 8, 1992

Gessner, F.: Meer und Strand. Berlin 1957

Hassenpflug, W.: Fernerkundung als geowissenschaftliche Informationsquelle. Geographie und Schule 100, S. 38–42, 1996

Heydemann, B.: Wattenmeer, Bedeutung – Gefährdung – Schutz. Neumünster 1981

Heydemann, B. und J. Müller-Karch: Biologischer Atlas Schleswig-Holstein. Neumünster 1980

Janke, K. und B. P. Kremer: Das Watt – Lebensraum, Tiere und Pflanzen. Stuttgart 1990

Janke, K. und B. P. Kremer: Düne, Strand und Wattenmeer – Tiere und Pflanzen unserer Küsten. Stuttgart 1988

de Jong, V. u. a. (Hrsg.): Quality status report of the North Sea, Subregion 10, the Wadden Sea. Common Wadden Sea Secretariate. Wilhelmshaven 1994

Kock, K.: Das Watt, 7. Aufl. Heide 1998

Köhn, W.: Die nacheiszeitliche Entwicklung der südlichen Nordsee. Hannover 1991

König, D.: Das Schleswig-Holsteinische und Niedersächsische Wattenmeer. In: F. Gerhard (Hrsg.): Naturraum Wattenmeer, S. 73–83. München, Wien 1981

Landesamt für den Nationalpark Schleswig-Holsteinisches Wattenmeer: Nationalpark Schleswig-Holsteinisches Wattenmeer. Tönning 1992

Landesamt für den Nationalpark Schleswig-Holsteinisches Wattenmeer, Umweltbundesamt: Umweltatlas Wattenmeer Band 1, Nordfriesisches und Dithmarscher Wattenmeer. Stuttgart 1998

Landesinstitut Schleswig-Holstein für Praxis und Theorie der Schule (IPTS) und Landesamt für den Nationalpark Schleswig-Holsteinisches Wattenmeer, NPA (Hrsg.): Tiere im Wattenmeer. Kiel 1990

Lozán, J. L., W. Lenz, E. Rachor, B. Watermann, H. v. Westernhagen (Hrsg.): Warnsignale aus der Nordsee. Berlin, Hamburg 1990

Lozán, J. L., E. Rachor, K. Reise, H. v. Westernhagen, W. Lenz (Hrsg.): Warnsignale aus dem Wattenmeer. Berlin 1994

Lutzky, N. und H. Märtin: Hafenstädte als Industriestandorte. Bremerhavens Chancen im nordwestdeutschen Raum. Bremen 1980

Möller, L.: Das Tidegebiet der Deutschen Bucht. Veröff. d. Instituts f. Meereskunde Berlin, H. 23. Berlin 1933

Muuß, U. und M. Petersen: Die Küsten Schleswig-Holsteins. Neumünster 1971

Nationalparkverwaltung Niedersächsisches Wattenmeer: Nationalpark Niedersächsisches Wattenmeer. Wilhelmshaven 1988

Nationalparkverwaltung Niedersächsisches Wattenmeer, Umweltbundesamt: Umweltatlas Wattenmeer Band 2, Wattenmeer zwischen Elb- und Wesermündung. Stuttgart 1999

Newig, J. und H. Theede (Hrsg.): Pflanzen- und Tierwelt im Wattenmeer. Hamburg 2000

North Sea Task Force: North Sea Quality Status Report 1993. Fredensborg (Denmark) 1993

Nuhn, H.: Schiffbau in Norddeutschland. Krise und Strukturwandel eines traditionellen Industriezweiges an der Küste. Der nordatlantische Raum. Festschrift für Gerhard Oberbeck. Mitteilungen der Geographischen Gesellschaft in Hamburg, Bd. 80, S. 341–366, Stuttgart 1990

Nuhn, H. und J. Oßenbrügge (Hrsg.): Wirtschafts- und Sozialgeographische Beiträge zur Analyse der regionalen Entwicklung und Planungsproblematik im Unterelberaum. Hamburg 1982

Oßenbrügge, J.: Umweltrisiko und Raumentwicklung. Wahrnehmung von Umweltgefahren und Wirkung der Umweltpolitik auf den regionalen Strukturwandel in Norddeutschland. Heidelberg 1993

Quedens, G.: Nationalpark Wattenmeer. Breklum 1988

Quedens, G.: Strand und Wattenmeer. Tiere und Pflanzen an Nord- und Ostsee – ein Biotopführer, 7. Aufl. München, Wien, Zürich 1998

Reineck, H.-E. (Hrsg.): Das Watt, Ablagerungs- und Lebensraum. Frankfurt a. M. 1970

Reise, K.: Tidal flat ecology. Berlin, Heidelberg, New York 1985

Reise. K.: Ökologische Erforschung des Wattenmeeres. Spektrum der Wissenschaft 5, S. 52–63, 1991

Seidenfus, H.: Die Bedeutung der Seehäfen für die Industrialisierung Mitteleuropas. Göttingen 1979

Stock, M., E. Schrey, A. Kellermann, C. Gätje, K. Eskildsen, M. Feige, G. Fischer, F. Hartmann, V. Knoke, M. Ruth, A. Thiessen, R. Vorberg (Hrsg.): Ökosystemforschung Wattenmeer, Synthesebericht: Grundlagen für einen Nationalpark. Schriftenreihe des Nationalparks Schleswig-Holsteinisches Wattenmeer 8. Heide 1996

Theede, H.: Kleintiere im Watt. In: F. Gerhard (Hrsg.): Naturraum Wattenmeer, S. 113–128. München, Wien 1981

Thies, M.: Biologie des Wattenmeeres. Köln 1985

Vorberg, R. und P. Breckling: Atlas der Fische im schleswig-holsteinischen Wattenmeer. Schriftenreihe des Nationalparks Schleswig-Holsteinisches Wattenmeer, Heft 10. Tönning 1999

Wieland, P.: Küstenfibel. Ein ABC der Nordseeküste. Heide 1990

Herausgeber/Autoren

Die Herausgeber

Jürgen Newig, geb. 1941, ist Professor für Geographie und ihre Didaktik an der Universität Kiel. Seine Schwerpunkte liegen bei der Küsten- und Meeresgeographie, der Erforschung des Fremdenverkehrs und der historischen Kartographie. Er ist Autor und Mitherausgeber fach- und populärwissenschaftlicher Veröffentlichungen zu Küsten- und Seebäderthemen.

Hans Theede, Professor Dr., Universität Kiel, geb. 1934. Sein Arbeitsgebiet ist die Meereszoologie, wobei die ökologischen Beziehungen und physiologischen Anpassungsprozesse der Meeresorganismen im Vordergrund stehen. In zahlreichen fach- und populärwissenschaftlichen Aufsätzen für Zeitschriften und Buchpublikationen beschäftigte er sich auch mit Problemen der Meeresverschmutzung. Ehrendoktor der Landwirtschaftlichen Universität in Stettin.

Die Autoren

Harald Asmus, geb. 1954, Studium der Biologie und Chemie in Darmstadt und Meereswissenschaften in Kiel, dort Promotion 1983. Stipendiat und Wissenschaftlicher Mitarbeiter in Wattenmeerökosystem-Projekten der Deutschen Forschungsgemeinschaft (DFG) und des Bundesforschungsministeriums (BMBF). Seit 1991 Wissenschaftlicher Angestellter an der Wattenmeerstation Sylt der Biologischen Anstalt Helgoland (BAH) in der Stiftung Alfred-Wegener Institutes (AWI).

Volkert Dethlefsen, geb. 1941, studierte in Hamburg Meeresbiologie, Promotion 1975, Habilitation 1990. Er ist Wissenschaftlicher Mitarbeiter in der Außenstelle Cuxhaven der Bundesforschungsanstalt für Fischerei Hamburg, bearbeitet Fragen der Wirkung der Meeresverschmutzung auf marine Organismen, untersucht die Häufigkeit und die Verbreitung von Parasiten und Erkrankungen wichtiger Fische in Nord- und Ostsee sowie die Wirkung von Schadstoffen auf die Reproduktionsfähigkeit von Fischen.

Wolfgang Hassenpflug, geb. 1940, Studium der Geographie, Germanistik und Bodenkunde an den Universitäten Kiel und Tübingen, 1968 Staatsexamen für das Höhere Lehramt und Promotion zum Doktor rer. nat. Seit 1973 Professor für Geographie und ihre Didaktik an der Pädagogischen Hochschule Kiel, ab 1994 an der Universität Kiel. Interessenschwerpunkte:

Fernerkundung und neue Informationstechnologien, Schleswig-Holstein, Orient und Ostasien.

Adolf Kellermann, geb. 1953, hat in Kiel Zoologie, Fischereibiologie und Physikalische Ozeanographie studiert und dort 1985 promoviert. Er hat elf Jahre als Wissenschaftler in der Polarforschung gearbeitet und dabei einige Jahre im Ausland, u. a. in Südamerika und auf Hawaii, verbracht. Er ist heute als Koordinator für Monitoring und Forschung im Nationalparkamt in Tönning tätig.

Gerhard Kortum, geb. 1941, Studium der Geographie, Ozeanographie, Geologie an der Universität Kiel; 1967 bis 1970 Lehrtätigkeit im Iran, Lehramtsprüfungen und Schultätigkeit, ab 1977 am Geographischen Institut der Christian-Albrechts-Universität Kiel; 1974 Promotion zum Dr. phil., Wiss. Angestellter, Wiss. Assistent, Studienrat im Hochschuldienst, 1984 Habilitation, 1988 apl. Professor, seit 1987 wiss. Direktor und Kustos am Institut für Meereskunde an der Universität Kiel. Hauptarbeitsgebiete: Geographie des Meeres, Küstenforschung, Geschichte der Geowissenschaften, insbesondere der Ozeanographie.

Jürgen Oßenbrügge, geb. in Stade, Studium der Geographie, Geschichte und Volkswirtschaft an der Universität Freiburg, Göttingen und Hamburg. Nach der Promotion längere Forschungsaufenthalte in Zentralamerika, Gastdozenturen an den Universitäten Southampton, Basel und Oldenburg. Nach der Habilitation 1991 seit 1992 Professor für Geographie zunächst an der TU Berlin, seit 1995 an der Universität Hamburg (Arbeitsbereich Wirtschaftsgeographie). Gegenwärtige Forschungsschwerpunkte: Regionaler Strukturwandel und Umweltentlastung, Raumwirkung neuer Technologien und regionale Arbeitsmarktpolitik in Metropolregionen.

Impressum/Bildnachweis

Die Deutsche Bibliothek – CIP-Einheitsaufnahme

Das Wattenmeer : Landschaft im Rhythmus der Gezeiten / Hrsg.: Jürgen Newig ; Hans Theede. – Hamburg : Ellert und Richter, 2001
(Edition Ellert & Richter)
ISBN 3-89234-980-0

© Ellert & Richter Verlag GmbH, Hamburg 2001
Dieses Werk einschließlich aller seiner Teile ist urheberrechtlich geschützt. Jede Verwertung außerhalb der engen Grenzen des Urheberrechtsgesetzes ist ohne Zustimmung des Verlages unzulässig und strafbar. Dies gilt insbesondere für Vervielfältigungen, Übersetzungen, Mikroverfilmungen und die Einspeicherung und Verarbeitung in elektronischen Systemen.

Lektorat: Brigitte Beier, Hamburg
Gestaltung: Büro Brückner + Partner, Bremen
Lithographie: Litho Jankowski, Flensburg
Satz: KCS GmbH, Buchholz/Hamburg
Druck: Wiesbadener Graphische Betriebe GmbH, Wiesbaden
Bindung: S. R. Büge, Celle

Titelabbildung: Blick auf das nordfriesische Wattenmeer (Nordstrand)

Bildnachweis

Harald Asmus, List/Sylt: S. 59 u., 63 o., 63 u.
Gerd Becker, Bundesamt für Seeschiffahrt und Hydrographie, Hamburg: S. 49 o. + u., 51 o. + u.
Volkert Dethlefsen, Cuxhaven: S. 129 o., 129 u., 137 o., 137 u.
Ottmar Heinze, Hamburg: Titelfoto, S. 6/7, 59 o., 69 o., 113 o., 146/147, 150/151
Birgit Hussel, List/Sylt: S. 85 u.
Urs Kluyver, Hamburg: S. 13, 19, 25 o., 27 o., 33, 113 u., 117 o., 117 u., 156/157, 162/163
Jürgen Newig, Flintbek: S. 37 o., 37 u.
Georg Quedens, Norddorf/Amrum: S. 9, 15, 17 o., 17 u., 27 u., 39, 67 o., 67 u., 69 u., 73 o., 73 u., 75 o., 75 u., 79 o., 79 u., 81 o., 81 u., 87, 91 o., 91 u., 93 o., 93 u., 97 o., 97 u., 101 o., 101 u., 103 o., 103 u., 107 o., 107 u.
Reinhard Scheiblich, Norderstedt: S. 25 u.
Martin Söhl, Niebüll: S. 85 o.
Zeichnungen S. 43 aus: Das große Schleswig-Holstein Buch, Hamburg 1996